U0137992

陪孩子 走过青春期

徐少波 著

青岛出版集团 | 青岛出版社

图书在版编目（CIP）数据

陪孩子走过青春期 / 徐少波著. — 青岛 : 青岛出版社，2024.4

ISBN 978-7-5736-1916-7

Ⅰ.①陪… Ⅱ.①徐… Ⅲ.①青春期 – 家庭教育 Ⅳ.①G782

中国国家版本馆CIP数据核字（2024）第055229号

书　　名	PEI HAIZI ZOUGUO QINGCHUNQI 陪孩子走过青春期
著　　者	徐少波
出版发行	青岛出版社
社　　址	青岛市崂山区海尔路 182 号（266061）
本社网址	http：//www.qdpub.com
邮购电话	0532-68068091
策划编辑	尹红侠
责任编辑	赵慧慧
封面设计	祝玉华
照　　排	青岛乐喜力科技发展有限公司
印　　刷	青岛双星华信印刷有限公司
出版日期	2024 年 4 月第 1 版　2024 年 4 月第 1 次印刷
开　　本	16 开（710mm × 1000mm）
印　　张	18.25
字　　数	290 千
书　　号	ISBN 978-7-5736-1916-7
定　　价	59.80 元

编校印装质量、盗版监督服务电话：4006532017　0532-68068050

要成长，不要坠落

　　青春期是每个人都会经历的成长阶段。在这个阶段，一些孩子会出现逆反的行为。青春期的孩子逆反，可以说是一种成长的现象。对于孩子们来说，青春期阶段是成长与坠落的分水岭。

　　随着青春期的到来，有些孩子的能量越来越足，学习的内驱力也越来越足——他们正在成长；有些孩子，开始和父母对抗，讨厌学习，痴迷游戏，迷恋虚拟世界的一切——他们正在坠落。

　　哪些因素决定了孩子的成长或者坠落呢？在本书中，我尝试着从不同的层面和角度来解答这个问题。

　　孩子在成长的路上，没有回头路可走，也不可能从头再来，只有不断地向前走。有些事情，如果孩子做错了，就没有挽救的可能了。如果父母等孩子出现问题后再想办法解决，往往就为时已晚了。

　　孩子的成长是有规律的，是需要条件支撑的。如果父母能按照孩子的成长规律教育孩子，能给孩子的成长提供必要的条件支撑，那么孩子就会蓬勃成长。在本文中，我尝试着从不同的层面和角度来介绍孩子的成长规律，来探讨父母需要给孩子提供哪些必要的条件支撑。

作为两个孩子的父亲，我从事心理咨询、家庭教育顾问的工作已经有十几年的时间了，积累了丰富的家庭教育经验。我将自己的教育心得整理成书。我希望本书能够帮助更多迷茫的青春期孩子的家长。

徐少波

2023 年 10 月

目录

第四章

父母和孩子一起应对压力

第五章

家庭教育辅导实例——陪女儿晓禾走过青春期

后记

第一章

家庭教育的本质与目的

第一节
一定要守住家庭教育的底线

有的父母跟我诉苦："徐老师，虽然我们知道'父母好好学习，孩子天天向上'的道理，但是我们做不到啊！我们该怎么办呢？"

一些父母停下了学习的脚步，这是事实。但我要说："难道父母不学习就真的不能好好教育孩子了吗？难道父母不学习、不上进就一定会被孩子瞧不起吗？"绝对不是这样的。有的孩子之所以瞧不起父母，并不是因为父母停止了学习，并不是因为父母不能与时俱进，而是因为父母不懂装懂，瞎指挥。

在咨询的过程中，我反复向父母灌输这样的理念："我们都是普通人。大部分的普通人无法做到一直持续学习，甚至终生学习。我们上有老，下有小，白天要工作，晚上回家后还要面对柴米油盐的生活。我们被生活追着跑，没有继续学习的时间和精力。能让孩子终生都佩服的父母，能当孩子人生导师的父母，一定是少数的。我们这些普通父母能做到的是当好孩子的亲人。"

看到这里，有的人可能会产生这样的疑问："我是孩子的妈，就是孩子的亲人啊！"从血缘关系上来看，父母的确是孩子的亲人，而且是最亲的人。在孩子们上学之前，大部分父母表现得很好，能让孩子感受到浓浓的亲情。一旦孩子上学了，有些父母就从关注孩子的身心健康转到关注孩子的学习成绩了。用一个孩子的话说就是："我妈妈现在只关心我飞得高不高，再也不关心我飞得累不累了。"

孩子是一个有感情的人，不是一台机器，他需要亲人的理解与体谅。如果父母只关注孩子的学习成绩，并因为孩子的学习成绩差而整天唠叨、指责、打骂孩子，那么孩子就体会不到亲情的温暖。没有体会到温暖亲情的孩子，怎么可能将父母当作自己的亲人呢？！

如果父母不是孩子的亲人，那是什么人呢？父母和孩子除了形同陌路以外，就只剩视若仇敌了。

有的父母这样说："只要不和孩子谈学习，就是母慈子孝；只要一和孩子谈学习，就是鸡飞狗跳。"而我要告诉这些父母："如果你继续用错误的方式逼孩子学习，那就不是鸡飞狗跳的事了，就可能是鸡飞蛋打的事了。如果你再逼孩子学习，孩子就可能会出现更严重的问题。"

我还要再说一句："如果你和孩子一谈学习就鸡飞狗跳，那就说明你的教育理念与教育方法很可能都是错的。你已经没有能力去引导孩子好好学习，天天向上了。"

这时候，父母应该闭上嘴，别再叨叨孩子了。这时候，父母一定要守住家庭教育的底线——做好孩子的亲人，给孩子营造一个温馨、和睦的家庭环境，让孩子喜欢这个家，让孩子愿意回这个家。

如果我们作为父母，为孩子倾尽了所有，却把孩子养成了一个讨厌学习、讨厌父母、讨厌回家的人，把孩子养成了一个身心不健康，甚至有严重心理问题的人，那就可能会毁了孩子的一生啊！

第二节
女儿和爸爸打起来了

我的一个朋友给我打电话说："这周末，我闺女和我老公干了一架，我闺女都对我老公动刀了。你赶快帮我分析一下。"我让我的这个朋友详细讲述一下事情的经过。

我老公看我闺女的房间实在太乱了，乱到让他无法忍受了，他一气之下就把闺女的被子扔在了地上，还大声地对闺女说："我跟你说过多少次了，起床以后要叠被子！"

我闺女一看我老公这样对她，一下子就生气了，跑到我们卧室，将床上的被子、枕头都扔了，还将床垫掀翻了。做完这些后，我闺女依然没有解气，回屋拿了一把剪刀，就要扎我老公。

我老公原本就窝了一肚子的火，看着被扔在地上的被子、枕头，看着闺女拿着一把剪刀怒气冲冲地冲过来，瞬间火冒三丈。我老公和我闺女开始争夺剪刀。在争夺剪刀的过程中，剪刀的塑料把就被弄断了，我闺女的手就因此受伤了。

没扎着眼前的"仇人"，反倒把自己的手弄伤了，我闺女更加愤怒了，气呼呼地跑进厨房里，一阵噼里啪啦的响动之后，她举着一把小刀冲出来了，这次她要拿小刀砍她爸。

我老公一看这阵势——不知道他是被吓住了，还是清醒了，抑或是想和闺女斗狠，就站在那里不动了，临危不惧地对我闺女说："你砍吧！"我闺女还真砍了我老公一刀。我一直从中斡旋，总算平息了这场父女俩之间的战争。我老公没受伤，他后来跟我说，闺女砍他的时候没使劲儿。

虽然我老公没有被砍出血，但是这一刀实实在在地砍在了我老公的心上。我老公被我闺女伤透了心。我闺女经常让我和我老公离婚。看来，我闺女的这一刀也砍在了她自己的心上。

一、为什么这个姑娘这么暴力

看完上面的故事后，你可能会问："为什么这个小姑娘这么暴力呢？父女俩之间怎么就闹成现在这个样子了呢？"

你可能会意识到，父女俩的暴脾气如出一辙，并且都不是"君子"，都是愿意"动手"的——或许"动口"的阶段已经过去了，只能"动手"了。

是啊，无论是基因遗传，还是十几年的耳濡目染，闺女随爸都是说得通的。由此可以推断，这个爸爸的脾气一定非常火爆，肯定不是第一次和自己闺女"动手"了。从这个姑娘过激的反应来看，她一定对她爸爸充满了怨恨，即使她扔掉了她爸爸的被子、枕头，掀翻了床垫，也依然不解气，还要拿剪刀、小刀扎她爸爸，还经常劝她妈妈跟她爸爸离婚。

"针尖对麦芒"这事得有一个"触发者"。是女儿的房间乱触发了爸爸的暴脾气，还是爸爸扔女儿的被子点着了女儿这枚"大炮仗"呢？

我认为，爸爸的暴脾气是整个事件的"点火开关"，女儿的暴脾气则是整个事件的"推进器"，女儿心中积压的对爸爸的怨恨是整个事件的"燃料"，爸爸最后的退让和妈妈的斡旋则是整个事件的"着陆器"。

二、不能为了眼前的"柴火"就把"青山"毁了

事情已经过去了。这个爸爸让女儿伤透了心。那我就再说一句伤这个爸爸心的话："现在，这个姑娘不想要爸爸，她恨不得没有爸爸。"等这个姑娘长大以后，她可能会后悔，可能会理解自己爸爸的良苦用心。问题是，这个爸爸还想要自己的女儿吗？

人们常说："留得青山在，不愁没柴烧。"可当"青山"与"柴"摆在我们眼前，需要我们做出选择的时候，我们往往很难抵御"柴"的诱惑。对于孩子来说，什么是"青山"，什么又是"柴"呢？孩子的身心健康是"青山"。健康的身体和健康的心理是学习的本钱，是生活的本钱。如果孩子的"青山"被毁了，父母再想恢复就难了。

孩子对这个世界怀有好奇心是"青山"。所谓好奇心，就是孩子觉得自己活着有意思，觉得这个世界有意思，有许多有意思的事、有意思的人在等着他。好奇心是孩子探索世界的动力。世界很大，世界很美，但如果孩子不想去看看这个世界，那他就真的有问题了。

孩子和父母的亲密关系是"青山"。如果孩子和妈妈的关系亲密，那么孩子就有供自己休息的港湾。如果孩子和爸爸的关系亲密，那么孩子就有前进的方向。而孩子所具有的能力，属于"柴"的范畴。

学习好、考高分是一种能力，保持良好的个人卫生习惯也是一种能力，把自己的房间收拾得整整齐齐的也是一种能力，能合理安排好作息时间也是一种能力，能正确应对各种冲突也是一种能力，能控制住自己的情绪也是一种能力……只要它是一种能力，我们就能通过学习掌握它。

把自己的房间收拾得整整齐齐的，这很难吗？当然不难。不就是整理一下床铺和书桌，收拾一下衣橱，打扫一下卫生，这能难到哪里去呢？可为什么一个十三四岁的小姑娘掌握不了这种能力呢？是因为这个小姑娘笨吗？当然不是。因为收拾房间根本不需要我们动用多少智商。

　　我认为这个姑娘不收拾房间的原因有两个：一个原因是她的父母不会教，另一个原因是她的父母太心急。我还是想说一句话：父母即使再着急，也不能为了"一点柴火"就把"青山"毁了。

第三节
那些被父母伤害的孩子

一、如同仇人般的父子关系

一位妈妈问我："徐老师，为什么我儿子和我老公的关系那么紧张呢？我现在都不知道我儿子到底是怕我老公还是恨我老公。爷俩就跟仇人似的。现在，我该怎么办呢？如果爷俩的关系继续恶化，孩子会不会出什么大问题啊？"

我就问这位妈妈："是不是孩子爸爸将孩子管得特别严，并且脾气很不好呢？"

这位妈妈吃惊地瞪着我说："你是怎么知道的？"

我说："这很简单啊！哪里有反抗，哪里就有压迫啊！"

这位妈妈缓和了一下自己的情绪，说："徐老师，我朋友说，孩子爸爸和孩子的关系之所以不好，是因为他们俩的性格不合。你觉得这种说法有道理吗？"

我说："可能有一些道理。如果孩子爸爸照我说的去做，我就能改善父子俩的关系。"

这位妈妈一听，眼睛里瞬间就有光了，接着就问："孩子爸爸需要怎么做呢？"

我说："你先跟我说说孩子爸爸是怎么管孩子的。"

这位妈妈深深地叹了一口气，说："这可真是一言难尽啊！我给你举一个例子吧。只要孩子爸爸发现孩子没有写作业，他就会训斥孩子。如果孩子爸爸看到孩子在玩手机或者电脑，那么他除了训斥孩子以外，还会直接将手机或者电脑强制关机。如果这时候孩子敢顶嘴反抗，那么孩子爸爸就会动手打孩子。有一次，孩子爸爸一脚就把孩子踹倒了，孩子的脑袋立刻鼓起了一个大包。我感觉孩子爸爸就是一个'暴君'，拿孩子不当孩子。"

等这位妈妈说完以后，我问她："孩子爸爸对孩子又吼又踹，这就如同孩子爸爸每天都拿着长矛去捅孩子。孩子是一个活生生的人，他会乖乖地等着被捅吗？"

这位妈妈有点儿不确定地说："应该不会吧。"

我说："孩子当然不会乖乖地等着被捅，他一定会不假思索地拿起盾来保护自己。如果孩子拿起来这个盾，他就不会轻易地撒手了。爸爸手里拿着矛随时准备捅孩子，孩子手里拿着盾时刻准备保护自己，这父子俩的关系怎么可能好呢？"

二、被父亲欺负的儿子

这位妈妈一听，眼睛里又放光了，说："徐老师，你的这个比喻真的很形象。换作我，我不仅会拿起盾，还会拿起刀，砍孩子爸爸。他凭什么这么欺负人啊？"

我说："对，孩子爸爸就是在欺负孩子。"

这位妈妈又睁大了眼睛，不解地问："徐老师，我刚才只是顺口一说，你难道被我误导了吗？"

我笑了笑，说："孩子爸爸吼过你吗？孩子爸爸用脚踹过你吗？"

这位妈妈一听我这样问，就立刻将嗓门提高了两度："他敢吗？就算我借他俩胆，他也不敢。"

我接着问："为什么孩子爸爸不敢这样对你呢？"

这位妈妈看着我，愣了一会儿，说："徐老师，我明白了。孩子爸爸知道，如果他吼了我，踹了我，我就饶不了他。我们夫妻俩是势均力敌的，要是真闹起来，谁都得不到好处。"

我惊讶于这位妈妈的领悟能力，又问她："是不是孩子爸爸在欺负一个没有还手能力的孩子呢？"

这位妈妈很坚定地点了点头，说："是的，他就是在欺负孩子。"

我问："那么接下来，你要怎么办呢？你该怎么改善父子俩之间的关系呢？"

这位妈妈说："我要让孩子爸爸放下手里的矛，不让他再吼孩子，不让他再打孩子，不让他再欺负孩子。"

我点点头，说："是的，现在只有这一条正确的路。如果孩子感觉自己安全了，没有被欺负的危险了，他自然就会放下手里的盾。但这是一个相当漫长的过程。你要做好思想准备，不能急于求成。"

这位妈妈的脸上有了笑容，说："徐老师，我明白了。如果孩子爸爸再敢欺负孩子，我就收拾他。"

三、被父亲扇耳光的女儿

如果孩子爸爸就是不知道悔改，继续拿着那根长矛去欺负孩子，吼孩子，打孩子，会有什么样的结果呢？大概会有以下三种结果：

第一种结果是矛刺破了盾，就是指父亲用强力、用暴力彻底地把孩子打败了、打怕了。一个被吓破胆的孩子，还能做什么呢？

第二种结果是父子俩势均力敌地继续斗下去。当父亲的不会认错，当孩子的也不会服软认怂，父子俩的关系一直势如水火。在这种家庭中成长的孩子，哪里还有什么幸福可言啊？这个父亲也不会享受到天伦之乐吧。

第三种结果是孩子奋起反击，以命相搏，最后用自己手中的盾把父亲的矛弄断了。

一个高二的女生因为玩手机的问题、学习的问题，和自己的父亲产生了争执。父女俩越说越激动，越说越生气。最后这个父亲真的忍无可忍了，就扇了这个女生一巴掌。这一巴掌彻底把这个女生激怒了，她扭头就把窗户打开了，然后用右手食指指着自己的父亲，歇斯底里地喊："如果你有种，就再打我一下试试。如果你再打我，我就跳楼！"父亲看着女儿充满仇恨的眼神，真的害怕了。

我们总说，家庭是孩子最温暖的港湾。我们总说，父母对孩子的爱是无私的，是伟大的。但为什么有的父母和孩子一直斗来斗去呢？难道父母和孩子之间真的有深仇大恨吗？问题到底出在哪里呢？

四、被母亲伤害的女儿

一个大二的女孩来找我咨询，她说："每逢节假日，我都不想回家，不想见到我的父母。只要一想到回家，我就感觉浑身不舒服，心里就有一万个不愿意。"慢慢地，这个女孩说起了自己的成长经历。她对我说："我母亲的控制欲极强，脾气极其不稳定，她只要稍不如意，就会发脾气。对我来说，挨打、挨骂、挨羞辱是家常便饭。"她给自己父亲的评价是，从来没见过这么懦弱的男人，竟然可以眼睁睁地看着自己的女儿被人打、被人骂、被人羞辱，每次都是无动于衷。

这个女孩在说起这些伤心事的时候，止不住地流眼泪，浑身战栗。

等这个女孩的情绪慢慢地恢复平静后，我问她："你恨他们吗？"

这个女孩抬起头，看着我，眼睛里含着泪水，没有说话。

我说："人们大多不敢明说恨自己的父母，否则会被批大逆不道。但今天我要对你说，你可以恨你的父母。"

停了一会儿，我又问这个女孩："你恨你的父母吗？"

这个女孩看着我，想了一会儿，可能是在积攒勇气，慢慢地说："老师，听你这么一说，我好像不那么恨他们了。"

我说："如果你看见'恨'了，承认它存在的合理性了，它就不会再像以前那样疯狂地侵扰你了。"

这个女孩问我："那我真的能原谅我的父母吗？"

我说："原谅他们是很久之后的事情。既然是很久之后的事，你现在想这件事的意义就不大。你能不能原谅你的父母，取决于你现在做了什么。这就像种庄稼，如果你还没有开始耕作，就问秋天能收获多少粮食，这是没有意义的。"

这个女孩听明白我说的意思了，接着问我："老师，那我现在要做什么呢？"

我想了想，对这个女孩说："从现在起，你开始广交朋友，多去体验人与人交往的美好，多去体验生活的美好。这些美好的体验就像一潭清澈的水，会慢慢地稀释你心中的恨意。"

有些父母对孩子的爱是分"表里"的，很可能是"表里不一"的。

首先，我们要相信，也应该相信，父母是爱孩子的。如果我们不相信父母是爱孩子的，那么这个世界上的所有美好都会消失，我们的内心也将是一片黑暗。

但是，作为父母，光有对孩子的爱是不够的，还需要用有温度的语言和正确的方式表达自己对孩子的爱，把孩子教育好，让孩子健康快乐地长大。然而，有的父母只有爱孩子的心，没有爱孩子的能力。有的父母用错误的教育方式伤害了孩子。

这个女孩看着我，对我说："老师，你是不是想告诉我，虽然我可以恨我的父母，但是我要理解我的父母？"

我点点头，对这个女孩说："是的。我想让你理解父母的局限性。我知道，让一个伤痕累累的人去理解拿鞭子抽打自己的人，这是一件很困难的事情，甚至是一件很残酷的事情。但我想告诉你，你不能背着痛苦和仇恨过一辈子，你需要将那根刺从自己的身上拔出来。理解父母的爱无能，理解父母的局限性，这是你解放自己心灵的第一步，也是你踏上美好生活之路的第一步。"

这个女孩看着我，眼里又有了泪光，眼神却是坚定的，她点点头，说："老师，我会按你说的去做的。"

每当我看到那些伤痕累累的孩子，我都想说，我希望所有的父母都爱自己的孩子，更希望所有的父母都有爱自己孩子的能力。

第四节
放弃错误的管教方式

在一次有关家庭教育的沙龙课上，我见到了一个冷若冰霜、苦大仇深的妈妈。她是为了自己儿子的学习而来。她的儿子上初中二年级，用她的话说，她儿子的学习效率极低，注意力不集中，不该做错的题频繁出错。她对我说："我把能用的办法都用过了。我今天找到你，就是想让你这个专家给我提供一个有效的方法，尽快地提高我儿子的学习成绩。如果我儿子不能将学习成绩提上来，那他肯定考不上普高。"

我很诚恳地对这个妈妈说："你的要求很高，以我目前的能力，我满足不了你这么高的要求。"

这个妈妈一脸的不理解，看着我说："你不是专家吗？"

听到这个妈妈这样说，我真的不知道该说什么话了，只剩下歪头苦笑了。笑完之后，我对这个妈妈说："如果你愿意，我倒是可以给你讲一讲孩子学习效率低、注意力不集中的具体原因和底层逻辑。也许我讲的内容能帮到你。"这个妈妈很不情愿地点了点头。

我估计这个妈妈一定很失望，但她又觉得自己来都来了，板凳还没坐热呢，不舍得抬腿走人。这就像你走进饭馆，要了一碗面条，刚吃了第一口，你就觉得难吃，该怎么办呢？如果你直接选择不再吃了，你肯定觉得亏。你可能会继续喝几口汤来冲散自己的失望之情。

然后我就开始讲有关家庭教育的话题。每隔一段时间，这个妈妈就会忍不住地提问："你说父母要给孩子营造一个宽松的家庭环境，我给孩子提供了。当孩子的考试成绩不理想时，我没批评他啊！你说父母要多鼓励孩子，提高孩子的自信心，我鼓励孩子了啊！可这些对孩子不管用啊！你说父母要和孩子搞好关系，我温柔地对待孩子了，可孩子更不愿意学习了。你说，我该怎么办吧？"

听完这个妈妈的话之后，我就告诉大家："无论是做咨询，还是做沙龙，这种类型的妈妈都是最难应对的。"大家问："为什么？"我就笑着说："你们有没有发现，我巴拉巴拉讲了半天，这个妈妈没听进去一句话啊？她还在自己的思维框架里打转转呢！"

这个妈妈一听我这样说，就直截了当地说："我就是想听一个直接的、有效的解决方法。为什么你非要给我讲这些呢？这些对孩子有什么用呢？"

我只能歪头苦笑，继续说："对于你来说，我说的可能真的没什么太大的用处。我就是借着你的问题，给大家讲一讲问题背后的心理学原理。我们要感谢这个妈妈。如果没有这个妈妈的问题，我们就不可能如此深刻地理解妈妈在家庭教育中的重要作用。来，我们一起感谢一下这个妈妈。"

然后，大家就都看着这个妈妈开始鼓掌。这个妈妈只能歪着头苦笑。

像这种急着想要答案的父母还真是挺多的。我能理解他们的"急"，可孩子的所谓问题，很可能就是这个"急"造成的。也就是说，如果父母不改掉这个"急"的毛病，孩子的问题是不可能得到解决的。

我对这个妈妈说："如果你想解决孩子的学习问题，就必须先改掉自己的急脾气。"

这个妈妈一听我这样说，就不愿意了，对我说："我就是因为孩子学习不好才着急的。如果孩子学习成绩好了，我肯定就不着急了。我就想知道我该怎么做才能提高孩子的学习成绩。我不想知道怎么让自己不着急。"

面对这样的妈妈，我还能说什么呢？

这个妈妈继续说："我老公一直劝我，让我快点放弃这个孩子。他说这个孩子不是一块学习的材料。哎呀，我老公的心是真的大啊！看到孩子那么差的学习成绩，我老公就跟没事人似的，该吃的吃，该睡的睡。我就做不到这样。看到孩子那么差的学习成绩，我就着急。我可不能放弃我的孩子。如果我放弃管孩子，孩子这辈子就完了。"

说实话，听完这个妈妈说的这些话以后，我真想大声地对她说："你快放弃吧！你快放弃吧！你快放孩子一马吧！"但我憋住没说。而现在，我要把这句话说出来："这个妈妈，你快放弃吧！你快放孩子一马吧！"

当然，我劝这个妈妈放弃的原因不是像孩子爸爸说的那样——这个孩子不是一块学习的材料。我劝这个妈妈放弃的原因是，我认为她的教育理念与方法存在着很大的问题。错误的教育方法无法让孩子静下心来学习，进而导致孩子的学习效率低。如果妈妈不再错误地管教孩子，那么孩子很可能会发愤图强。退一步讲，即使孩子依然不愿意学习，也能健康快乐地长大，不会滑向心理疾病的深渊。

一个正常的孩子，讨厌当"粽子"，也讨厌当"受气包"。

当"粽子"是什么意思呢？就是指孩子被父母管得特别严，什么事都得听父母的，没有一点自主性。用一个孩子的话说就是："我妈的控制欲太强了，我必须活成她想让我活成的样子，她控制了我生活的方方面面。"

当"受气包"是什么意思呢？就是指父母总是一副冷若冰霜的样子，没有一点儿笑模样，孩子总是挨父母的批评。如果孩子考了98分，就会被批评粗心大意。如果孩子考了100分，就会被教育不要骄傲。总之，孩子得不到父母的认可、理解、支持与鼓励，得到的是父母的批评、打击和羞辱。

孩子既不希望自己总是被绳子约束，也不希望自己总是被鞭子抽打。

如果父母不了解孩子的心理特点，总是想用绳子约束孩子，总是想用鞭子抽打孩子，那么孩子就一定会奋起反抗。

一个爸爸对我这样说："现在我家孩子表面上不反抗了。她妈妈怎么说，她就怎么做。因为她知道，即使她再怎么反抗，也没有什么效果。以前她妈妈让她上补习班，她还会抱怨说，不愿意去上补习班。但现在，她学会顺从了。她痛痛快快地去上补习班，但她在补习班里根本就不学习。她妈妈让她抓紧时间学习，别玩游戏，她就乖乖地坐在书桌前。但我知道，她就是坐在书桌前装一装样子，她的心思根本就不在学习上。"

一个总是被父母约束的孩子，一个总是被父母鞭打的孩子，怎么可能真心地服从父母呢？怎么可能集中精力学习呢？怎么可能提高学习效率呢？

作为父母，当然不应该放弃对孩子的管教，但如果管教的方式错了，就应该反思了。父母千万不能在错误的育儿路上越走越远啊，否则就真的害了孩子。

第五节
父母失去了教育孩子的耐心

如果父母在教育孩子的过程中失去了耐心，很可能会失去很多。我说的这句话绝不是危言耸听。接下来我慢慢地说，你慢慢地听。

如果父母失去了教育孩子的耐心，首先失去的就是对孩子的爱。仔细想一想：当父母歇斯底里地教训孩子的时候，哪个父母敢说自己的心中充满了爱？反正我不敢说此时我的心中充满了爱，因为此时我的心中充满的是恨铁不成钢的"恨"。这个"恨"就是"恨"，不是爱。

一个人在失去耐心之后，情绪就会变得不稳定，容易急躁。急躁的情绪就像一个放大器，会把孩子芝麻大的错误放大。看到孩子犯了那么大的错误，情绪急躁的父母会更加情绪激动，更容易对孩子说一些负面的、消极的话。

如果父母失去了教育孩子的耐心，父母的注意力就会变得狭窄，只会盯着孩子的成绩、孩子的错误，看不到孩子的优点和进步。如果父母看不到孩子的优点和进步，就不可能给孩子需要的认可、鼓励与理解。一个总是被父母否定的孩子，他就可能会丧失学习的兴趣。

如果父母失去了教育孩子的耐心，亲子关系就会变差。原因很简单。如果父母总是看到孩子的错误，总是唠叨、指责、打骂孩子，孩子怎么可能和父母相亲相爱呢？孩子心里充满的是对父母的厌恶与憎恨。在这些负面情绪的影响下，孩子就会想方设法地和父母对着干。

如果父母失去了教育孩子的耐心，就不会思考帮助孩子改正错误的办法。养成良好的学习习惯，控制自己的情绪，控制自己的不良行为，这些都是父母应该教给孩子的能力。如果父母在教育孩子的过程中不会控制自己的情绪，失去了耐心，又怎么能当好孩子的第一任老师呢？

该怎么判断父母在教育孩子的过程中有没有耐心呢？可以观察一下父母是否经常对孩子微笑。为什么父母对孩子笑就表示父母有耐心呢？因为一个正常人在失去耐心的时候，他是笑不出来的。也可以这样说，如果你缺乏耐心，你的脸上就不可能有笑容。

请你反观一下自己：你的脸上还有笑容吗？你在孩子面前经常微笑吗？如果你的脸上依旧有笑容，那么恭喜你，你依然拥有教育孩子的耐心。

第六节
父母的微笑就是对孩子最大的认可

一位妈妈对我说：

孩子爸爸比较严肃，脸上基本上没有什么笑容，回到家之后，要么不说话，要么声色俱厉地斥责孩子。其实我能理解孩子爸爸，他工作压力大，想要在孩子面前端起做父亲的架子，再加上男人不善表达的天性，造成了现在这样的局面。

几天前我想了一个办法——每天孩子爸爸一回到家，我就给他一个拥抱，跟他说"老公辛苦了，欢迎回家！"。第一天，当我张开双臂要拥抱孩子爸爸的时候，他直接在门口愣住了。第二天，第三天，当我抱住孩子爸爸的时候，他都不知道该往哪里放他的两只手。我就告诉他，拥抱是相互的，他也要抱住我。他这才用两条略显僵硬的胳膊搂住我的腰。徐老师，我是真没想到孩子爸爸不会用肢体语言表达自己的感情。

我感觉孩子爸爸放松了很多，改变了很多。现在，孩子爸爸每天下班回家后都会笑呵呵地说"我回来了！"。这时候孩子就会抢在我前面去拥抱他爸爸。我能看得出来，孩子爸爸很享受搂着孩子的感觉。现在我觉得家里的气氛都变了，由原来的紧张、压抑变得轻松、愉悦，充满了人情味。

我问这个妈妈："你有没有发现你孩子的精神状态改变了？"

这个妈妈一愣，说："还真是，我孩子在面对他爸爸时，不再像以前那样精神紧张了。"

爸爸的脸上有笑容了，为什么孩子的精神就放松了呢？我们也可以这样问：当父母的脸上没有笑容的时候，为什么孩子会感到紧张呢？一个原因是，孩子怕被那个脸上没有笑容的爸爸或者妈妈指责、打骂。另一个原因是，当孩子看到父母冷着脸、不高兴的时候，孩子往往会从自己的身上找原因，他会想："是不是我哪里做错了，惹爸爸妈妈不高兴了？"

无论是哪种原因，孩子都会担心自己没有达到父母的要求，担心自己做错了。一个总是担心自己做错了的孩子，一个总是担心自己会受到惩罚的孩子，他能不感到紧张吗？

作为家长的你可能会说："我天生就是这种不爱笑的性格。虽然我脸上的笑容不多，但是我没有动不动就批评孩子。"

我告诉你："你不需要用嘴批评孩子。你的冷脸已经向孩子传达了这样的信息——你见到孩子之后，没有产生值得高兴的感觉。"

大家想一想：你见到孩子之后，没有任何高兴的感觉，这意味着什么呢？这意味着你对孩子的否定。或者说，孩子一定感受到了你的否定，他可能会这样想："妈妈一定不喜欢我，因为她见到我时，脸上都没有笑容。"

没有人喜欢被别人否定。大家都迫切地需要他人的认可，我们的孩子也不例外。孩子更希望得到父母的认可。其实，在面对孩子时，父母都不需要说多少鼓励、认可的话语，只需要保持微笑即可。守着孩子的时候，父母需要多笑一笑，因为微笑是父母对孩子最大的认可。

一个好孩子，一个知道上进的孩子，一个愿意学习的孩子，一定是在父母的认可中慢慢地长大的。

第七节
为什么这个妈妈的心肠如铁石般坚硬

孩子妈妈说："徐老师好，我有一个问题想请教您。我家孩子正在上高二，最近他老让我带他去看心理医生。"

我说："孩子主动寻求心理医生的帮助是一件好事。孩子有没有告诉你，他遇到什么心理问题了吗？"

孩子妈妈说："我问了，他不说，他怀疑自己的精神有问题。"

我说："他的行为或精神有什么异常吗？"

孩子妈妈说："我没发现他有什么异常的表现，吃喝都正常，他没有什么不对劲的地方。"

我说："那你需要尊重孩子的意见，让心理医生评估一下孩子的精神状态。"

然后，这个妈妈发来了她和孩子的聊天记录：

孩子：你今天有空吗？

妈妈：怎么了？

孩子：如果你有空的话，就陪我一起去医院吧。

妈妈：去干吗？

孩子：去精神科看病。

妈妈：去精神科看病？你别神经了。你怎么了？

孩子：我想去看看。

妈妈：你就老老实实地待在家里吧，别瞎寻思。

孩子：那我能怎么办呢？我胳膊上不能再有伤疤了。我有多绝望，你知道吗？你什么都不知道。为什么你不让我去看病呢？

妈妈：你的胳膊上怎么会有伤疤呢？

孩子：为什么你一直说我不专心学习呢？为什么你一直说我不务正业呢？我真的坚持不住了。我在课堂上根本听不进去老师讲的课了。

妈妈：什么事让你这么绝望、难过呢？

孩子：我的左胳膊已经被我割过一百多刀了。你却什么都不知道。你总是说我想得太多了。你总觉得我还小，哪里有那么多的心事呢？

妈妈：你有什么事就说出来，别再自残了。你现在的年龄也不小了，要多和家里人沟通。

孩子：你一定要等到我绝望，熬不住的那一天吗？我想去看病，为什么你不让我去呢？你总是说我想得太多，总是说我脑子有病。我真的熬不住了。你从来都不听我说，就知道责怪我。

看完这个聊天记录后，我立即回复："你赶紧带孩子去看心理医生。"

妈妈问："怎么了？"

我回复："孩子的胳膊被划了那么多刀，再这样下去，孩子很可能会出大问题的。"

回复完这个妈妈后，我心里堵得慌。在现实生活中，有的父母不能理解孩子所面临的压力。这个妈妈不仅不理解孩子所承受的压力，还对严重心理问题所造成的后果一无所知。我没有资格批评谁，但我就想问一问这个妈妈："作为一个母亲，你难道都不会同情孩子吗？听到孩子说自己的左胳膊已经被割过一百多刀之后，你总该有点儿心疼和着急吧。"在面对孩子的求助时，是什么让一个母亲如此轻描淡写、如此淡定呢？真的是因为这个母亲是铁石心肠吗？

我在做咨询的过程中经常见到这种类型的父母，他们总是坚定地认为，孩子就是不愿意学习，就是整天瞎寻思，孩子不应该有那么多的心事。

此时我想起了心理学上的一个著名的人物，埃利奥特。他曾经是一名模范雇员，但是他的工作质量每况愈下，以至最终丢掉了饭碗。埃利奥特的主管说，要说他有什么不正常的话，那就是他过于注重工作中的细节，没能处理好事情的优先顺序。他总是揪住一些诸如整理客户文件之类的琐碎工作不放，甚至会花费整个下午进行各种分类，而把真正重要的任务搁置一边。他的个人生活也支离破碎，离婚后又结了婚，但是很快又再次离婚。他还屡次创业，但每次都做出了明显错误的决策，最终耗尽了所有的积蓄。

令人惊讶的是，埃利奥特在大多数方面并没有什么不正常。他有令人愉快的性格，也有吸引人的幽默感。他显然很聪明，清楚地知道哪些事情、人物和日期是重要的，也了解每天的政治、经济动向。事实上，检查结果显示，他的运动机能、记忆力、感知能力、语言能力和学习能力等都是没有问题的。

但埃利奥特常常感到头疼，这让他的家庭医生怀疑他的变化是由脑部病变造成的。检查结果证实了这一猜测。他的脑部扫描结果显示，一个小橘子般大小的肿瘤正在压迫他的额叶区域。这个肿瘤最终被切除了，但是它已经造成了额叶区域的永久损伤。

给埃利奥特做检查的心理学家说，可以把埃利奥特的困境总结为：能够知道，但无法感觉。他的推理能力完好无损，但是额叶区域的损伤让他无法利用情绪对生活中的物品、事件和人建立优先顺序，无法对事物进行价值比较。简而言之，埃利奥特在情绪上残疾了。

我越想越觉得这类父母的情绪也残疾了。是不是这类父母和埃利奥特一样，也无法利用情绪对生活中的物品、事件和人建立优先顺序了？是不是这类父母也无法对不同行为进行价值比较了？

在现阶段，什么事情应该被放在最前面呢？什么事情最有价值呢？是孩子的命啊！是孩子健康快乐的成长啊！

第八节
陪孩子走过青春期

一、妈妈心中的痛

一个妈妈来咨询孩子的青春期问题，她说："我快被孩子折磨成神经病了。"

等我问完这个妈妈的具体情况之后，我对这个妈妈说："你不能把责任都推到孩子的身上啊！只有你自己改变了，孩子才能跟着变啊！"

这个妈妈两眼一瞪，说："这几年，我改变得太多了，你还想让我怎么改啊？"

我一看这个妈妈急了，就笑着对她说："你先别急，你先跟我说说你都改了什么。"

这个妈妈就像找到了知音似的，打开了话匣子：

在孩子进入青春期之前，我将孩子所有的事儿都安排得好好的。我觉得自己作为一个妈妈能做成这样，已经是很好的了。

现在可倒好，孩子进入青春期以后，动不动就乱发脾气，一发脾气就摔东西。我拿她也没办法。现在孩子自残、自杀的这么多，我也不敢训斥她。不管孩子说什么，我都尽量按照她的要求去做。孩子不愿意上大课，我就给她请一对一的家教。孩子不愿意住校，我就同意她走读……

现在，我一看见孩子发脾气就浑身紧张，胃疼，脑袋疼。在孩子面前，我就像一只小老鼠，万般谨慎小心。你还让我怎么改啊？

二、妈妈被孩子折磨，是自作自受吗

这个妈妈真的快崩溃了，连着质问我两遍："你还让我怎么改啊？"

我对这个妈妈说："我知道你很辛苦。为了孩子，你付出了很多。我没有丝毫责备你的意思。现在我们俩要一起想办法解决问题。你先别着急。我们一起分析一下为什么你付出了这么多，却没人念你的好呢。

"你是做领导的。如果你一当上领导，就对手底下的一帮员工说，都听我的，我说怎么干就怎么干，我说打哪儿就打哪儿。这帮员工见你这么厉害，一开始都会小心翼翼的。在你持续的高压之下，这帮员工渐渐地就有了反抗情绪，动不动就不听你指挥了，就和你对着干了。结果，你就害怕了，就说行行行，我都听你们的，你们说怎么干就怎么干。

"你现在都听员工的了，你能管理好这家公司吗？"

这个妈妈似乎听明白我说的话了，看着我点点头，然后问我："那我现在该怎么办呢？"

我说："你都当这么多年的领导了，还不会处理这点事吗？"

这个妈妈摇了摇头，叹了一口气，说："哎，不瞒你说，我在工作上真的没有碰到过解决不了的问题。可教育孩子这件事真的愁死我了。尤其是最近这一年多，我真的快被孩子折磨死了。"

我说："从你的气场来看，我觉得你很能干。在孩子进入青春期之前，你包办了孩子的一切。当孩子进入青春期，开始反抗你的时候，你感到不习惯，因为你习惯了掌控一切。你必然用硬碰硬的方式来控制孩子，而这种方式必然会压抑孩子的情绪。孩子就会通过发脾气的方式来发泄自己的情绪。孩子毕竟是你的孩子，不是你的员工。当你看到孩子发疯的样子时，你就害怕了，你就不知道该怎么管她了，你就不知道该怎么和她沟通了。当你凡事都听孩子的话时，你又发现，孩子并没有发生实质性的改变，并没有发愤图强，反而得寸进尺，无理取闹。你快被孩子折磨成神经病了，是不是？"

这个妈妈看着我，苦笑了一下，说："应该是吧。"

我接着问这个妈妈："这是谁的错呢？谁需要改变呢？"

这个妈妈很无奈地说："这是我的错。那我要怎么改呢？"

我说："你现在知道自己错在哪里了吗？你只有知道自己错在哪里了，才能改啊！"

这个妈妈叹了一口气，摇着头说："徐老师，我求求你了，你就别折磨我了。我要是知道自己哪里做错了，就不会花钱找你咨询了。你就赶紧给我说说吧。"

三、为什么要把自己当成后妈

读到此处的你，知道这个妈妈错在哪里了吗？

我笑着对这个妈妈说："那我就赶紧给你说说，但你可能还要被我折磨，因为我接下来的话可能会扎你的心。"

这个妈妈苦笑，说："行，反正我已经来了，扎心就扎心吧。你快说说我错在哪里了。"

我告诉这个妈妈："我直接说你要怎么改。你听完了之后就知道自己错在哪里了。从今天起，你要把自己当成后妈。为什么让你当后妈呢？因为后妈对孩子的爱不会过多，毕竟这个孩子不是从后妈身上掉下来的肉。其实，浓度过高的爱不利于孩子的成长。你替孩子包办了那么多，却被折磨得这么痛苦，都是因为你对孩子的爱太多、太浓了。而太多、太浓的爱导致你对孩子的爱是畸形的。

"为什么让你当后妈呢？因为你需要接受现实。孩子已经是这样了，无论她有什么样的问题，你都必须接受。看清楚现实，并接受现实，这是改变的基础。亲妈往往不容易接受孩子是有问题的，一心想的都是我的孩子不是这样的。我的孩子就应该听话，好好学习啊！父母一旦被这种急躁、焦虑的情绪蒙住了双眼，就只能去逼孩子、管孩子了。孩子可能会越来越不听话，越来越逆反。

"为什么让你当后妈呢？如果你有了当后妈的心态，就不会因为自己过去的失误而心怀愧疚。你只需要为孩子的今天和明天负责。我们都是普通人，我们都会犯错，过去的必须让它过去，患得患失只会让问题变得更糟糕。

"为什么让你当后妈呢？当孩子的问题暂时没有得到解决时，你就不会像原来那样着急，就可以给孩子一些成长的时间与空间。孩子的问题似乎是突然出现的，但实际上都是长时间累积而成的。解决孩子的问题，是不可能一蹴而就的。当孩子出现问题的时候，父母往往就会自乱阵脚，强势压制孩子，甚至打骂孩子。"

四、亲妈与后妈的区别在哪里呢

这个妈妈问："我要如何做才能当好这个后妈呢？"

我对这个妈妈说："首先，必须让孩子接纳你、喜欢你。如果你想要达成这个目标，就需要小心翼翼地和孩子搞好关系。有的亲妈，仰仗着血缘的关系，肆无忌惮地对待自己的孩子，只要一句'我都是为了你好'，就理直气壮地伤害自己的孩子，就理直气壮地漠视自己孩子的委屈与不满。后妈可不敢这样做。

"如果后妈想和孩子搞好关系，就需要将心比心，就需要从孩子的角度去考虑问题，去体谅孩子、理解孩子。青春期的孩子已经不是单纯的孩子了，他希望自己与父母的关系是平等的，希望得到父母的尊重。如果作为妈妈的你给不了孩子想要的，那你就走不进她的内心，甚至她会和你对抗到底。

"但孩子毕竟是孩子，需要遵守必要的规则，不能随心所欲，不能想干什么就由着性子干什么。因此，你还要为孩子定好必要的规则与底线，确保她不走歪路，不犯重大的错误。你要相信，孩子是知道对错的。如果你定的规则合情合理，不会朝着孩子宣泄自己的不良情绪，会跟孩子讲清楚利害关系，孩子就愿意听你的话，感受到你的好。总的来说，你要把自己当成后妈，将心比心，自我约束，遵循人际交往的基本规则和孩子成长的基本规律。"

五、母爱是伟大的，也是自私的

这个妈妈听我说完，长舒了一口气，说："你说得很有道理。哎，后妈就后妈吧，现在的我可能还不如后妈在孩子心目中的地位高呢！为了孩子，我会努力。"

我接着对这个妈妈说："我再折磨你最后一次，你要忍住了。本质上，如果你没有被孩子折磨得快成神经病了，没有被孩子折磨得痛苦不堪了，你就不会来找我咨询了。如果你改变了，孩子的问题就被解决了。如果孩子的问题被解决了，你就不用再受折磨了。因此你的努力与改变，本质上是为了你自己。"

这个妈妈听了以后，咬牙切齿地说："徐老师，我的心在流血，你知道吗？你就不能说两句好听的话，安慰一下我吗？"

我说："你不需要安慰，你需要的是一个好女儿。"

这个妈妈听完我的话后就笑了，眼里似乎还含着一点泪花。

第九节
学习的本质是什么

一位妈妈对我说：

我的孩子上初中了，现在在家上网课，他很自觉，每天早晨6点多就起床，晚上11点多上床睡觉，写完作业后，还要再复习一会儿。有一天我问孩子："为什么你那么晚才睡觉呢？"孩子说："因为周围的同学都在努力学习呢。"

我对孩子说："你现在的重点是优化学习方法，提高学习效率，而不是多花时间学习。"事后，我仔细想一想，这不过是一句废话。虽然孩子现在并没有表现得不快乐，但是我担心孩子以后会失去学习的兴趣。

一、为什么有的孩子丧失了学习的兴趣

大部分的妈妈愁孩子不愿意学习，不好好学习。而这个妈妈是一个例外，她担心孩子学习太努力、太用功了。这个妈妈是杞人忧天吗？我觉得不是，至少不全是。考上大学后丧失学习兴趣的孩子确实存在，并且人数还不少。一部分人在参加工作后就彻底丧失了学习的兴趣，最典型的表现就是他们不再读书了，不再主动学习了。为什么会这样呢？我认为的原因

是这些人不知道为什么学习，不知道学习的本质是什么。

有的孩子只知道自己努力学习是为了考高分、考大学，如果考不了高分，考不上大学，就会被老师、父母批评。有的孩子终于考上大学了，达成目标了，如愿以偿了。有的孩子就会想："学习这么累，这么苦，这么枯燥，为什么我还要继续学习呢？"

有的孩子本来就对学习不感兴趣，只是因为受到了周围环境的影响——周围的同学都在努力学习，如果他不学习，又能干什么呢？有的孩子在进入大学后，看周围的人都不学习，他也选择不学习。还有的孩子，出于对老师或父母的恐惧，不得不学习。这类孩子在考上大学后，没有了老师或父母的监督约束，就选择不学习，彻底放纵自我。这些孩子对学习缺乏理性的思考与认识，就容易丧失学习的兴趣。

二、为什么学习

为什么人需要学习呢？对于一个普通的孩子来说，学习的目的、学习的本质到底是什么呢？简单地说，学习是为了增长能力。那么增长能力又是为了什么呢？增长能力的目的是解决问题。

只要人活在世上，就会面临一连串的问题，比如考大学、找工作、结婚、养孩子等。这一连串的问题都需要钱来解决。挣钱也是一个难题。天上不会掉馅饼，难道会掉钱吗？天上当然不会掉钱了。我们想挣钱就能挣到钱吗？肯定不是。

挣钱的本质是什么呢？是一个人能够解决他人的难题，能够为他人提供必要的服务。

为什么我们要努力地考大学呢？因为好的大学更有利于我们增长能力。然而，大学根本不是我们人生的终点。一个大学毕业生之所以能找到一份好工作，不仅是因为他有一张大学毕业证，还是因为他具备了一定的能力，已经可以参与社会分工与合作，已经可以为社会、为企业、为他人解决问题和提供服务了。

只要一个人有能力，无论他有没有大学毕业证，都能挣到钱。钱，只是能力的副产品。

三、如何做才能让孩子更好地增长能力呢

好东西不仅是我们想要，别人也想要，因此竞争在所难免。好的大学总是那么少，要考大学的孩子总是那么多，必然竞争激烈。如果孩子想要得到好的教育资源，就必须努力学习，就必须在考试中胜出。为了提高学习成绩，有的孩子伤害了自己的身体，消磨了学习的兴趣。这种做法可取吗？孩子能更好地增长能力吗？

父母需要深入了解学习的目的和本质。只有父母琢磨明白了，才能更好地引导孩子。教育、引导孩子是一个缓慢的过程。你不能指望给孩子讲一遍道理就起作用。你只有将这些道理深刻理解了，才能运用自如。你只有反复地跟孩子讲道理，反复地和孩子沟通，这些道理才能刻在孩子的脑袋里。

如果你理解了学习的本质是增长能力，就会明白以下的内容：

增长能力一定是一个长期的过程，不是考上大学就结束了，也不是大学毕业就结束了。既然增长能力是一个长期的过程，你就不能急于一时。你要允许孩子在成长的过程中慢一点，甚至允许他走一点弯路，给孩子一点自由和空间，这是非常有利于孩子成长的。

孩子不一定非要在学校里面增长能力。如果孩子确实不是一块学习的材料，确实考不上好的大学，那么他可以通过其他的途径增长能力。那种没上过大学，通过其他途径增长能力并最终获得成功的人，在我们周围比比皆是。

能力一定是多维度的，绝不仅仅是学习能力这一个维度。我们参与社会分工与合作，需要的能力是多维度的。你所学的专业能给你提供专业能

力。抗挫折能力、人际交往能力等，都是一个人需要具备的重要能力。

如果孩子将自己所有的时间都用在提高学习成绩上，他就没有时间提升其他能力了。父母要有意识地给孩子创造一些锻炼其他能力的机会。多维度竞争的实质是差异化竞争。差异化竞争让每个孩子有了更多的可能性和可塑性。

增长能力的基础是孩子有一个健康的身体。孩子怎么才能拥有一个健康的身体呢？最基本的一条就是充足的睡眠时间和适当的运动。研究证实：充足的睡眠和适当的运动不仅能增强孩子的身体素质，还有助于提高孩子的学习成绩。

如果孩子能够深入理解学习的目的和本质，就能体会到增长能力的快乐。如果孩子学习的目的不是考多少分、考多少名、考上大学，就可以减轻高强度学习对自己造成的伤害。

四、是成长，还是坠落

学习的本质是为了增长能力，这个结论的背后其实还隐藏着一个重要的假设——任何能力都是可以习得的。

如果一个人找到了自己的兴趣点，并且愿意为此花费时间和精力，那么这个人就可以凭借这个兴趣点做到出类拔萃，就可以凭借自己的能力过上体面、幸福的生活。

如果你认可了学习的本质就是为了增长能力，就应该明白，无论何时都不能破坏孩子的学习兴趣。

有的父母，在孩子小的时候拼命逼孩子学习，眼里除了分数以外，就是排名。有的孩子在父母的逼迫下渐渐地丧失了学习的兴趣，变得厌恶学习，甚至丧失了生活的兴趣。

在这个飞速发展的世界，如果一个人不愿意花时间和精力去增长能力，这是一件非常可怕的事。唯有终生学习，才是一条越走越宽的路。

第十节
解决孩子问题的基本步骤

这是一位妈妈的困惑：

徐老师，我又想请教您了。昨天晚上，上初中的孩子在家做卷子，做着做着，遇到了一道难题，他半天没有做出来，就急躁了。我就听到孩子在那里咔咔地咬笔。结果他就把那个笔头咬烂了。我知道这是因为他在发泄情绪。

之前我孩子也有过这样的情况，他一遇到让自己上火的事情，就会破坏手里的东西，咬过好几次笔，还有一次把手机屏幕咬碎了。我觉得孩子是典型的急脾气，他给人一种输不起的感觉。在遇到问题时，孩子不会合理地解决问题。

我承认，我和孩子的沟通方式有问题。一看到孩子咬笔的这个行为，我就特别生气，没有控制住自己的情绪，开始训斥孩子："为什么你要咬笔？咬笔能解决问题吗？想办法解决问题才是应对之道……"虽然我的训斥不会对孩子起作用，但是我就是想训斥他。孩子遇事容易着急，静不下心来解决问题。

徐老师，您觉得孩子有这样的行为是正常现象吗？如果您觉得这个行为不正常，就帮我分析一下这个行为背后的问题，以及该如何引导孩子。

一、控制好自己的情绪

无论你发现孩子有什么问题，无论你认为这个问题有多大，都不要着急上火，一定要控制好自己的情绪。

如果孩子的所谓问题是火苗，那么父母的暴脾气就是炸药包，千万不能让火苗把炸药包点着了，不能原地爆炸。父母一定要控制好自己的情绪，千万不能原地爆炸！

有的父母可能会说："哎呀，对于你说的这些道理，我都懂，可我就是控制不住自己的暴脾气，这可怎么办呢？"

一个是有问题的孩子，另一个是暴脾气的家长，谁的问题更严重呢？

有的父母可能会说："如果孩子没有问题，那我就不会发脾气了。"乍一听，你会觉得这句话很有道理。但请你仔细想一想：如果一个孩子没有任何问题，那他还是一个孩子吗？如果一个孩子没有任何问题，那他还需要父母和老师的教导吗？

如果父母控制不住自己的情绪，就必须先把孩子的问题放一放。父母的暴脾气是一个比孩子的问题更大、更严重的问题。如果这个更大、更严重的问题没有得到解决，父母就想着去教育孩子，那就等于父母抱着炸药包去救火，后果是不堪设想的。

有的父母可能会说："我们正在说教育孩子的问题呢。怎么说着说着就变成我们有问题了呢？"

如果孩子一有问题，你就抱着炸药包去把孩子炸一顿，孩子很快就被你炸蒙了，炸晕了。孩子都分不清东南西北了，哪里还有能力去解决问题呢？

你在炸孩子的过程中，是不是也把自己炸蒙了、炸晕了？被炸蒙的你，哪里还有能力去帮助孩子改正问题呢？一个人在发脾气的时候，他的智商通常是零。

无论孩子的问题有多大，你都必须先控制住自己的情绪。如果你不能控制住自己的情绪，总是忍不住朝着孩子发火，甚至打孩子，那你就是打着教育孩子的幌子伤害孩子。

二、别给孩子贴标签

你接下来要做的是，撕掉你给孩子贴的标签。

有的父母一发现孩子有问题，就喜欢给孩子贴上负面的标签，比如"有暴力倾向""急脾气""没有上进心""没有学习的内驱力""没有好的学习习惯""不喜欢学习"等等。如果你给孩子贴上了负面的标签，那么孩子就很难改正自己的行为了。

幸福的家庭都是相似的，不幸的家庭各有各的不幸。一百个不喜欢学习的孩子，背后可能有一百种不喜欢学习的原因。如果父母给孩子贴上"不愿意学习"的标签，背后的原因就被掩盖了。

家长应该怎么办呢？具体问题，具体分析。如果家长发现孩子有问题，想要找我咨询，就不能笼统地对我说："徐老师，我家孩子不愿意学习，怎么办啊？""我家孩子总是输不起，怎么办啊？"

这个妈妈具体描述了孩子的问题，还坦然承认自己的沟通方式有问题。但只有这些信息还不够，还缺了很多重要的信息。我接着问了这个妈妈几个问题，下面是问答实录：

我：你的孩子现在多大了？当你训斥孩子时，孩子有什么样的反应呢？

妈妈：我的孩子现在 14 岁了。当我训斥孩子时，他知道自己的行为是不对的，但依旧会压低声音说，又没影响笔的使用。孩子平时很爱惜自己的东西，但他一遇到问题，就容易控制不住自己的行为。有时候孩子还会咬自己的嘴唇。

我：我怎么感觉你是"一只母老虎"，孩子在你面前是"一只猫"呢？

妈妈：我之前可能对孩子太严厉了。我老公说我不温柔，我也刻意地改变自己对孩子说话的方式，时刻提醒自己不能吼孩子。现在的我很少吼孩子，在大多数情况下我会好好地跟孩子交流。孩子平时很喜欢跟我在一起，因为他觉得我能理解他。只有当孩子有一些过激的行为时，我才会吼他。你说我是"一只母老虎"，我觉得自己还没有达到那个级别。

我：这就好，但我感觉孩子打心底里怕你。

妈妈：孩子不是怕我，而是依赖我，信任我。他是真的怕他爸爸。

我：他爸爸比你还厉害呢？

妈妈：孩子的性格比较倔强，孩子的爸爸也是一个比较犟的人，我也属于那种不会轻易被别人说动的人。孩子之所以害怕他爸爸，是因为他爸爸真揍他。但是平时他爸爸不会轻易地吼孩子、打孩子，反倒是我容易控制不住自己的情绪。

在一问一答间，是不是问题越来越清晰了？当孩子有问题时，家长将问题想得越清楚、越全面，就越容易找到问题背后的原因，就越容易找到解决问题的具体方法。

三、反思自我，承担教育的责任

如果家长的情绪平和了，将孩子身上的标签撕掉了，也将孩子的问题想具体了，就要考虑这样一个问题："我，作为家长，到底哪里做错了？"

如果你将一盆原本蓬勃生长的花养得半死不活了，你不能说一句"这花真难养"就了事了，也不能将所有的问题都推到花的身上，你应该想一想："是不是我浇的水太多了？是不是花晒太阳的时间太少了？"你只有找到真正的原因，才有可能让这盆花重新焕发生机。

当孩子出现问题时，有的家长会说："这个孩子真的太犟了。""这个孩子太不听话了。""这个孩子快把我气死了！"这些家长就是没有好好地想一想：为什么这个孩子变成现在这样了呢？

本文中的这个妈妈，渐渐地认识到自己在情绪控制方面有问题，时常控制不住自己的情绪，吼孩子，这就为解决问题打下了良好的基础。

法国社会学家塔尔德在1890年出版了一本书，叫《模仿律》，书中说："一切社会行为都是人与人之间的相互模仿。"塔尔德的模仿律包含了三大定律：

（1）下降律，社会下层人士具有模仿社会上层人士的倾向。

（2）几何级数律，在没有干扰的情况下，模仿一旦开始，就呈几何级数增长，迅速蔓延。

（3）先内后外律，个体对本土文化及其行为方式的模仿与选择，总是优先于外域文化及其行为方式。

人容易受到环境的影响。孩子更容易受到周围人的影响。父母是孩子的第一任老师。年龄尚小的孩子，在和父母朝夕相处的过程中，就会将自己的父母当作老师，跟着父母学习如何说话、如何管理情绪、如何解决问题、如何为人处世等。

如果你明白了模仿律，就能知晓父母言传身教的重要性了。凡是要求孩子做到的事情，父母首先做到了，孩子就会向父母靠拢。凡是父母都做不到的事情，父母也不用要求孩子做到，因为即使父母要求孩子做到，孩子也大多做不到。父母说什么都是不重要的，因为孩子只看父母是怎么做的。

孟子说："行有不得，反求诸己。"这句话的含义是，如果行动没有达到预期的效果，就应该自我反省，先从自己的身上找原因。或者说，当你想要改变别人的时候，你就得从改变自己的行为开始。如果父母想要解决孩子的问题，就需要先做出改变。

说到这里，我要解释一下，我没有怪罪各位父母的意思。我一直以来的态度就是，父母也是普通人，都非常想将自己的孩子教育好，但父母也会犯一些非常普遍的错误。在教育孩子的过程中，如果父母能意识到自身的问题，并想办法调整自己、改变自己，就有可能将孩子教育好。

四、以身作则，教会孩子解决问题

孩子出现了问题，就像孩子咳嗽一样，咳嗽只是一个具体的症状。想要药到病除，就要找到病因：是被病毒感染了，还是被细菌或支原体等微生物感染了？我们只有帮孩子找到了病因，才能尽快地帮助孩子解决问题。

父母不能一发现孩子有问题行为，就对孩子说："你别这样做了。如果你再这样做，就有暴力倾向了。你要学会控制自己的情绪。你要输得起。"如果父母对孩子说出以上的话，就相当于父母一看到孩子咳嗽，就对孩子说"你不能咳嗽了，你如果再咳嗽就成肺炎了"。你不让孩子咳嗽，孩子就能恢复健康吗？你不让孩子这样做，孩子的问题就能得到解决吗？

本文中的这个孩子是否有暴力倾向呢？是典型的急脾气和输不起吗？当然不是。当孩子不知道怎么解决问题时，这个妈妈教过孩子如何处理问题了吗？显然没有。这个妈妈一看到孩子不会处理问题，就控制不住自己的情绪，开始吼孩子，这难道不是典型的急脾气和输不起吗？

那么父母应该怎么教孩子呢？父母应该心平气和地和孩子沟通。你还记得模仿律吗？如果你能心平气和地和孩子沟通，那么你的这种行为本身就具有很强的示范作用，这就相当于你用实际行动告诉孩子："在遇到难题时，你做不出来，很着急，这很正常。我在工作上遇到解决不了的问题时，也会着急。但是你光着急有什么用呢？如果'着急'能解决问题，如果把笔咬坏了能解决问题，那么天底下就没有难题了。当你遇到自己不能解决的问题时，你可以问我，也可以暂时放一放，第二天去请教老师。"

如果孩子因为打游戏输了就将手机咬坏了，你可以这样对孩子说："我觉得你这种不服输的劲头非常好。如果你想赢，就先去寻找你输的具体原因，然后通过练习改正自己的不足，提升自己的能力。"

这个孩子发泄情绪的方式，除了受妈妈潜移默化的影响以外，还与他自己长期被父母打压有关。有一个急脾气的妈妈，再加上一个会对孩子动手的爸爸，这个孩子是不是活得挺压抑的？一个人的脾气爆发，或者一些过激的行为，往往和他长时间被打压有关。

《中庸》里说："喜怒哀乐之未发，谓之中；发而皆中节，谓之和。中也者，天下之大本也；和也者，天下之达道也。致中和，天地位焉，万物育焉。"这几句话的意思是，喜怒哀乐的情感没有发生，可以称之为"中"；喜怒哀乐的情感发生了，但都能适中且有节度，可以称之为"和"。"中"是天下最为根本的，"和"是天下共同遵循的法度。达到了"中""和"，天地就会各安其位，万物便生长发育了。在教育孩子的过程中，我希望各位家长遵循中庸之道，不过度，不偏执，保持平和稳定的心态。

我们每天应事、接物、待人，顺自己意的就欢喜，不顺自己意的就恼怒，失去自己所喜爱的就悲哀，得到自己想要的就快乐，这都是人之常情。当事情还没有发生，不喜不怒，不哀不乐，无所偏倚，这叫作"中"。事情发生了，有情绪了，当喜则喜，当怒则怒，当哀则哀，当乐则乐，但能适中且有节度，这叫作"和"。

总之就是，该喜就喜，该怒就怒，该哀就哀，该乐就乐，让情绪抒发出来，恰到好处，就是"致中和"。"致中和"了，天地就能各安其位，万物就能生长发育。如果一个人能"致中和"，那么他的心理是健康的。如果一个人长期被压制，不能适当地释放自己的负面情绪，那就不是"和"了。

什么是情绪爆发呢？就是一个人憋不住自己的情绪了。人的情绪系统，就像一个密闭的压力容器，必须有稳定可靠的泄压装置，以便在需要的时候释放压力。如果一个孩子长期被压制，总有一天他会用自己的方式释放情绪，并进行反抗。

说到情绪管理，我觉得最需要自省的人就是管理者。在工作中，管理者就是领导者。在生活中，管理者可以是父母。如果管理者能把自己的情绪管理好，下属就能各安其位。如果父母能把自己的情绪管理好，孩子就能健康成长。

本文中的这个妈妈也在刻意地改变自己。我想对这个妈妈说："很可能是因为你改变的时间还不够长，孩子还没有真切地感受到妈妈的改变，还没有真切地感受到妈妈的温柔。妈妈要继续温柔地对待孩子，要进一步控制好自己的情绪，要教会并鼓励孩子用合理的方式释放自己的负面情绪。"

五、理性认知，做好打持久战的准备

父母千万别指望一次就能解决孩子的问题，要做好打持久战的准备。当孩子出现问题时，父母温柔地指出了孩子的错误。孩子意识到了自己的问题，也答应尽力改正，可没过几天，孩子就忘了自己的承诺，又恢复原样了。然后父母就生气地指责孩子不长记性，出尔反尔。但是事实不是这样的。孩子当时确实认识到自己的错误了，也确实下决心改变了。但对于一个孩子来说，好了伤疤忘了疼才是正常的状态。

等这个妈妈的情绪冷静下来后，她一定知道吼孩子是一种不好的行为。

可为什么她一看到孩子的问题行为，就忍不住吼孩子呢？如果我对这个妈妈说"你不能再对孩子发脾气了，你记住了吗？"，相信这个妈妈一定会斩钉截铁地对我说"记住了，这次我真的记住了"。这个妈妈或许真的记住了我说的话，可这并不妨碍她下一次朝着自己的孩子发脾气。

一个脾气暴躁的孩子，绝不会在很短的时间内就掌握控制情绪的能力，他必须经历一个漫长的练习、摸索阶段。而决定这个阶段时间长短的因素之一是父母的引导与教育水平。

和孩子成长的速度缓慢相比较，父母的改变速度注定也是缓慢的。让孩子感受到父母的改变，从而模仿父母，学会解决问题的正确方式，这可能是一个更缓慢的过程。

《大学》里说："物有本末，事有终始。知所先后，则近道矣。"这两句话的意思是，每样东西都有根本、有枝末，每件事情都有开始、有终结。明白了本末、始终的先后道理，就接近事物发展的规律了。我们需要分清楚事情的先后次序。为什么人们常说"只问耕耘，不问收获"呢？因为耕耘在先，收获在后，问耕耘才有收获。如果你先问收获，只会感到焦虑和痛苦。问耕耘，你可以改变收获；问收获，你什么都改变不了。这就是一个先后的问题。同样的，父母的改变在先，孩子的改变在后。如果父母改变了自己的教育理念与方法，改变了自己释放情绪的方式，孩子就有可能在适宜的环境中做出改变。

如果所有的问题都能一次性解决，那么这个世界早就变成美好的人间了。家长在教育孩子的过程中，一定要有耐心，一次不行就两次，两次不行就三次。父母的脾气越大，越容易着急，孩子的成长速度就会越慢。

六、学会说话，提高亲子沟通的能力

父母怎么说，孩子才愿意听呢？

1. 尊重孩子

平等的对待孩子，凡事和孩子商量，都是父母尊重孩子的表现。有的父母对孩子缺少应有的尊重，他们觉得孩子就是孩子，总是用一种居高临下的姿态对孩子进行说教，这往往容易引起孩子的不满与逆反。

只要是一个正常人，无论年龄大小，都希望得到他人的尊重。只要是一个正常人，无论年龄大小，都不希望自己整天被别人呼来喝去的，都不希望自己被指责、批评。如果父母能平等地对待孩子，凡事和孩子商量，那么孩子一般会听父母的话。

2. 站在孩子的立场上

父母在和孩子说话时，要站在孩子的立场上，表现出一种迫切想帮孩子解决问题的态度，而不是让孩子有一种被批评的感觉。如果父母没有觉察到自己的问题，总是以自我为中心，一看到孩子出现问题，就忍不住批评孩子："你怎么又这样啊？你怎么又出问题了啊？你怎么又把笔咬坏了呢？……"父母之所以会有这种行为，就是因为没有站在孩子的立场上处理问题。

3. 理解、认可孩子的行为

如果父母能站在孩子的角度去看待孩子的问题行为，就会发现一些问题行为的背后是孩子的正常反应，比如孩子玩游戏输了，就将手机咬坏了，这是孩子释放情绪的一种方式。如果父母认可了孩子问题行为的合理性，孩子就不会感觉自己被全面否定了，孩子的情绪就不会被压抑了，孩子就更愿意和父母沟通了。

想想你自己。如果有人在你犯错的时候拍拍你的肩膀，对你说"你已经尽力了。我知道你不是故意的"，是不是你会好受一点？这时候，你会更乐意接受别人的批评意见以及改正建议。如果有人不问青红皂白，一上来就劈头盖脸地指责你，你一定会心生怨恨，和他对着干。

4. 提出可执行的方案，并给孩子留出一些余地

有的孩子在遇到问题时，不知道怎么做才更好。有的孩子即使承认自己有问题，也想不出解决问题的办法。父母在指出孩子的问题时，一定要给出解决问题的办法。

为什么要给孩子留出一些余地呢？就是让孩子参与进来，激发孩子的主动性，让孩子认真地思考自己的问题。如果孩子参与进来，并发表了自己的意见，改正的过程就会变得相对顺利一些。

如果父母不能从孩子小的时候起就注意亲子沟通的方式，不会尊重孩子，那么孩子到了青春期以后就一定会出问题。

为了帮助那些迷茫的家长，我总结了以下 6 条建议：

（1）无论家长发现孩子有什么问题，都要保持冷静。生气发火不仅不能解决问题，还会将原本不大的问题变成大问题。

（2）别给孩子乱贴标签，一定要将孩子的问题具体化。

（3）当家长发现孩子有问题时，请家长先想想自己哪里做错了，看看自己有没有需要改进的地方。

（4）孩子之所以会有一些问题，是因为他还不具备解决问题的能力。因此父母要教会孩子如何处理问题。

（5）家长不能指望一次就解决孩子的问题，要做好打持久战的准备。

（6）家长不仅要和孩子好好说话，还要会说话。

第十一节

是抱怨，还是勇敢地担起责任

一个妈妈说：

> 我儿子现在读初二。说句心里话，我觉得孩子真的很辛苦。
> 早上七点到校，中午在学校吃饭，累了就趴在桌子上休息一会儿，
> 晚上七点放学。孩子每天在学校里至少待十二个小时，很辛苦，
> 很累。我很心疼孩子，我觉得孩子的初中生活没有多少快乐。

一、生活和快乐，不是必然的搭配

这是一个心疼孩子的妈妈。我相信，在我们周围，还有很多这样心疼孩子的妈妈。而现在我们必须先放下心疼，来讨论一个问题：生活和快乐是必然的搭配吗？

如果你想要知晓这个问题的答案，就需要回顾一下人类的历史。

人类在石器时代使用石器工具，以狩猎、采集的生活方式为主。有人认为，在石器时代，人少，果子多，生存压力和竞争压力相对较小。如果刨除疾病、捕猎时的危险、部落之间的战争以外，孩子的生活应该是非常快乐的。爬树摘果子、下河摸鱼的生活岂不是悠哉的？

一段时期之后，古代劳动人民实现了从狩猎、采集为主的生活方式向

农业生产为主的生活方式的转变。作家毕飞宇在其小说《平原》中是这样描述苏北农民生活的：

> 都说庄稼人勤快，谁勤快？谁想勤快？谁愿意勤快？都是叫老天爷逼的。说到底，庄稼人的日子都被"天时"掐好了生辰八字。
>
> "天时"就是你的命，"天时"就是你的运。为了抢得"天时"，收好了麦子，庄稼人一口气都不能歇，马上就要插秧。插秧就更苦了。你的腰必须弯得更深。你的身子骨必须遭更大的罪。差不多就是上老虎凳了。
>
> 所以说，一旦田里的麦子黄了，庄稼人望着浩瀚无边的金色，心里头其实复杂得很。喜归喜，到底也还有怕。这种怕深入骨髓，同时又无处躲藏。你只能梗着脖子，迎头而上。老虎凳在那儿，你必须自己走过去，争先恐后地骑上它。（本节选内容有部分文字改动。）

读完上述文字，我感觉农耕生活是异常劳累的。

我再说一下我母亲的故事。我的母亲在她五六岁时，就正式成了家庭分工协作的一员，她的工作是"放猪"，就是每天都把家里的猪赶到野地里去吃草，没有草吃的冬天，就让猪啃麦苗儿。我母亲在天刚蒙蒙亮时就将猪赶出家门，在天黑后才将猪赶回家门。那时候的冬天真冷啊！我母亲只能趴在沟里避风。如果我母亲感觉太冷了，就在沟底来回走走，跺跺脚。哪天都等不到中午，我母亲就将带的午饭吃完了。再饿了，我母亲就只能忍着。我母亲唯一的希望是猪，因为猪的鼻子好使，能闻到被深埋在地里的地瓜，还能用鼻子把地瓜拱出来。看到猪将地瓜拱出来后，我母亲就赶紧跑过去将猪赶跑，去抢那个地瓜吃。但是我母亲很少抢过猪，因为她还没有猪的力量大呢……

人类由农业时代进入了工业时代。工业时代带来了机械化生产、大规模生产和城市化，推动了科学、技术和经济的飞速发展。菲利普·埃里斯在其著作《童年的世纪》中是这样描述的：

> 18世纪末的工业革命导致了对廉价劳动力的巨大需求，父母会依靠儿童为家里赚钱，雇主也会毫无顾忌地让6岁大的儿童到工厂干活，而且通常工作环境恶劣、工作时间超长。英国议会在1833年的《工厂法》中规定，9～13岁的儿童每周工作时间不得超过48小时，13～18岁的儿童每周工作时间不得超过68小时。

这种状况的真正改善大约是在二战之后。二战之后，大量的美国军人回国，大量的孩子出生，加上经济的高速发展，所以这批孩子的童年还是挺快乐的，吃喝不愁，基本上属于被放养的状态。但这种快乐的教育模式并未持续很长的时间。各阶层的家长，尤其是中产家长，在孩子的教育方面持续加大投入，被称为"直升机式育儿"——父母就像直升机似的盘旋在孩子的上空，寸步不离。这些孩子牺牲了打工和游玩的时间，投入到各种竞赛之中，从名牌幼儿园升入名牌小学，再从名牌小学升入名牌中学，最后升入常青藤大学，每一步都不能出差池，父母唯恐孩子的阶级下滑。

回到我们的问题：生活和快乐是必然的搭配吗？显然不是。

是否生活得快乐，取决于人们生活在什么样的环境中。如果资源丰富，生活压力小，生存竞争不激烈，那么人们就能生活得很快乐。如果资源稀缺，生活压力大，生存竞争激烈，那么所有人的日子都不会好过，包括儿童。现在的资源丰富吗？现在的生活压力小吗？现在的生存竞争激烈吗？

如果父母能忍住焦虑，能接受孩子过普通人的生活，那么孩子的生活就不至于多么悲惨。让孩子过什么样的生活，选择权似乎真的被父母握在手里了。

二、社会竞争和焦虑传染到学校，是偶然还是必然

到底什么是社会竞争呢？用一句老话说就是，凭本事吃饭。你怎么向他人证明你有本事呢？比如你去应聘，你通过什么方式证明你能胜任这份工作呢？我认为此时文凭就派上用场了。

在《不充分均衡》这本书中，有一个有趣的说法：有人建了一座魔法塔，进入这座魔法塔对你没有什么直接的好处，而且一旦进去，你必须待满四年时间才能出来。但是这个魔法塔真有魔法，它会识别人——只有智商超过 100，而且拥有一定意志品质的人才能进去。

那你愿意在这座魔法塔中待满四年时间吗？你先别着急回答。请你先想一想这个问题：如果你是一个雇主，你会怎么看待这座魔法塔呢？雇主会优先雇用从魔法塔里出来的人。因为这些人证明了自己的高智商和优良的意志品质。那些没进入过魔法塔的人也许有高智商和优良的意志品质，但他们无法向雇主证明这一点。

相信你已经猜到了，这座魔法塔就是大学。

孩子每天待在学校里十几个小时，不就是为了考上普高、考上大学吗？不就是为了用文凭证明自己的高智商和优良意志品质吗？好，请你现在想一想：社会竞争的压力要不要传导到学校呢？你可能会这样反驳我："为什么不能让孩子快乐地读完小学和初中呢？"理论上来说，这是可行的，但操作起来有点难度，必须得所有家长都配合才行。也就是说，所有家长都必须同意孩子上学的目的就是一群孩子在一起吃喝玩乐，不干任何有关学习的事儿。但是，这样可行吗？只要你认定上大学很重要，文凭很重要，

好工作很重要，你就必须走勤奋学习的道路。

社会竞争，归根到底是个人综合能力的竞争。文凭，仅仅是社会甄别人才的一种简化机制。有的人将手段当成目的，眼睛只盯着文凭，忽视了个人能力的培养。诚然，学习能力、应试能力也属于能力的范畴。高考之所以是千军万马过独木桥，就是因为太多的孩子挤在同一条赛道上，激烈的竞争是不可避免的。

三、想在竞争中获胜，就不能怕吃苦

本文中的这个妈妈已经看到了孩子的辛苦，为什么还让孩子待在学校里呢？为什么还让孩子继续上学呢？明知道孩子上学很辛苦，为什么还让孩子去上学呢？我猜这个妈妈既想让孩子成功，又不想让孩子吃苦。这世上有这种好事儿吗？当然没有。如果你想要成功，就得吃得苦中苦。

一般的社会规律是，越往金字塔的尖儿上爬，竞争就越激烈。这种激烈的竞争还可以被分为两个部分，一部分是人和环境的竞争，另一部分是人与人之间的竞争。

有的山，离山顶越近，就越陡峭，越危险，对登山者各方面的要求就越高。山本身的高度就能淘汰大部分的登山者。如果你不想被淘汰，你就得在登山前拼命地锻炼。由于想要爬上山顶的人有很多，因此一个登山者除了应对登山的挑战以外，还要和其他登山者竞争。

我认识的一个孩子，当年的高考目标是央美（中央美术学院）的建筑学专业。为了从众多考生中脱颖而出，他每天只睡三个多小时，承受着非常大的高考压力。他拼命学习，终于考上了自己心仪的大学，学习自己喜欢的建筑学专业。

总之，结论就是，如果你想要达到自己的目标，就得拼命努力，就得不怕辛苦。只不过有的孩子是自愿吃苦的，而有的孩子是被逼着吃苦的。

第二章

青春期的孩子，是成长，还是坠落

第一节
这个孩子还有救吗

以下是一位妈妈的困惑：

我正在学习有关孩子成长方面的心理学课程，开始接纳孩子，变得比以前更有耐心了，不再像以前那样控制孩子了。

可是孩子在我的长期控制下，已经不敢和我说实话了，对生活也没有太多的激情和热爱了。孩子对我说："我之所以没有放弃上学，是因为我不想离开我的那些同学。但是我真的不想学习，我没有了学习的动力。"孩子每天坐在书桌前，学到晚上12点左右，可是没有任何效果。大家都说他是一个聪明的孩子。我想，孩子可能将自己的聪明劲都用在跟我耍小聪明上了。孩子只要有一点空闲，就会玩游戏，看八卦新闻。

以前的我会苦口婆心地给孩子说一通道理，现在的我选择了沉默，因为孩子的耳朵已经自动屏蔽了我的说教。面对这个即将中考的孩子，我只能干着急，却使不上劲。现在的我非常后悔，求老师指点，谢谢！

一、不能让孩子无欲无求

为什么父母会忍不住地管孩子呢？因为父母希望孩子好，希望孩子朝着既定的目标奋勇前进。然而，这个妈妈的"希望"其实是"欲望"，而且"欲望"极其强烈。

"欲望"是一个人活着的底线。一个人只有想活着，才能活下去。那些选择自杀的人，就是因为没有活着的欲望了。无论我们做什么，都需要这个"欲望"来提供动力。"欲望"就像汽车的发动机。无论你是开车去超市，还是开车去公园，都需要这个发动机提供动力。如果一辆汽车的发动机损坏了，这辆汽车就跟一堆废铁一样了。如果人没有了欲望，就形同"行尸走肉"了。

有的人将"欲望"这个词当成洪水猛兽，认为它具有明显的贬义色彩。和"欲望"相关的往往是性欲、权力欲、控制欲等。如果一个人被评价为"欲望强烈"，就好像在说这个人是一个品行不端的人。

人们常追求"无欲则刚"的境界，常用"平平淡淡才是真"来安慰自己或他人，常用"骄傲使人落后，谦虚使人进步"来告诫自己或他人。这些根深蒂固的观念导致有的父母在教育孩子时会自动忽略孩子的欲望，将孩子当成"打不死的小强"，继而打着爱孩子的旗号，千方百计地压制孩子的欲望。或许，这些父母认为，孩子想继续活下去、想学习、想成功的欲望就像"离离原上草"，是"野火烧不尽，春风吹又生"的。又或许，这些父母真的不知道"欲望"的重要性。

"欲望"，要看人们如何控制。没有了欲望，就没有了一切。有的孩子想要学习的欲望已经变得十分微小了，失去了生活的激情。

有的家长将孩子考上名牌大学作为人生的目标，成功的标志。高考的确为整个社会筛选了一批人才。高考的确让一部分孩子通过学习获得了知识和技能，改变了命运，获得了成功。但不能否认的是，将考名牌大学作为人生目标的教育方式，让一些孩子的身心健康受到了影响。

在规模稍大一点儿的群体中，群体成员的特质或能力呈现正态分布。比如，在一个班级里面，有个子高的学生，也有个子矮的学生，而不高不矮的学生占大多数。如果家长不顾孩子的先天身高特质，强行要求个子矮的孩子去练习篮球，想让个子矮的孩子成为专业的篮球运动员，那么个子矮的孩子会有什么样的结局呢？个子矮的孩子在拼尽全力之后，也不大可能成为功成名就的专业篮球运动员。

同样的，在人群中，有学习成绩好的孩子，也有学习成绩非常不理想的孩子，而学习成绩中等的孩子占大多数。如果每个家长都将孩子考上名牌大学作为人生目标，让孩子拼命地学习，那么孩子会有什么样的结局呢？一些孩子在高考的竞争中落败。有一些孩子在没参加高考前，就已经出现了各种各样的心理问题。有的孩子厌学，玩手机、玩游戏成瘾，整日窝在家里，不参与社交，和父母的关系恶劣，丧失了生活的激情。有的孩子不知道自己为什么活着，也不知道自己活着的价值和意义是什么。

一个重度抑郁症患者曾经跟我说："有时候我真羡慕那些为了买手机卖肾的人，他们至少还有一个拼命想达成的目标。可我真的不知道自己为什么活着，就这样过了一天又一天。"

好了，接下来我要问大家一个问题：为什么一些孩子的欲望日渐稀少呢？按常理来说，孩子的欲望不应该是越来越多、越来越大吗？不应该是欲壑难填吗？

二、"我"都没有了，又为谁去奋斗呢

在回答上文的那个问题前，我先引出一个心理学名词——"自我"，简称"我"。

一个人活着的前提是"想活着"。我现在要问：是谁在想？是"我"。

只有"我"想活着，我才可能活下去，才能做到"好死不如赖活着"。如果"我"不想活了，是你想让"我"活着，那活着的还是"我"吗？

想想看，如果"去超市、去公园、去西藏"不是"我"的想法，不是"我"想去的，而是"你"让我去的，这对"我"来说又有什么意义呢？为什么"我"要去呢？去的那个人还是"我"吗？当然不是。如果"我"只是按照你的想法在活，那"我"就只是你达成目标的一个工具，"我"就成了你的延伸，就像你的一条胳膊或者一条大腿，成为一个物的存在，就不再是一个独立的人了。让"你"过这种日子，"你"过吗？

有的孩子是这样表述自己的心理状态的："我不知道我是谁，我不知道我要到哪里去，我不知道我的自我在哪里，我觉得我从来没有来过这个世界，我好像一直都在为别人而活，我不知道自己要成为什么样的人。"是的，一些孩子一直在为父母而活，像父母希望的那样——好好学习，考出好成绩。至于为什么要好好学习，这些孩子并不清楚，因为这不是"我"的想法。也许，他们的"我"根本就没有自己的想法，即使有自己的想法，也从未表露出来，毕竟胳膊扭不过大腿。

你再回头看本文一开始的那个孩子，他的"我"是完整的吗？是独立的吗？看着他像一个衣食无忧的少年，实际上他是一个处处受气、时时听命于父母的可怜孩子。他的"我"都快没有了，他当然会和父母耍小聪明，而"玩游戏，看八卦新闻"正是他"刷存在感"的方式，因为做这些事情是由他的"我"决定的，体现了他的自主性。他还用这种方式反抗了自己的父母，他的自由意志也在这种反抗中得以展现。而孩子和父母的斗争也间接证明了他的"我"还存在。

一个人的"自我"相当于一个国家的主权，主权完整、独立是国家繁荣昌盛的基础。如果一个国家主权不完整、不独立，老是有强国干预内政，甚至被入侵，那么这个国家的政权就会非常不稳定，这个国家就容易陷入战乱，民不聊生。如果孩子的"自我"受到威胁，主权受到侵犯，那么他一定会做最后的斗争。

那么，一个人的"自我"是怎么发展来的呢？

在宝宝意识到自己是自己之后，他就会对自己的东西有很强的占有欲。他会认为自己的父母只能属于自己。如果父母抱了其他的小朋友，他可能会用哭泣来表达自己的不满。这就是自我意识觉醒的典型表现。从这个时候起，他的"自我"开始迅速成长，他越来越重视"自由""自主"，他越来越觉得自己的事情就该自己说了算。青春期是自我意识发展的高峰期。青春期孩子的典型表现是反对一切权威，因为他觉得自己已经长大了。"长大了"是什么意思呢？就是我和你平起平坐了，就不用再听你的了。

一些孩子自我意识的觉醒给父母们带来了很大的麻烦，因为这些孩子越来越不听话，越来越不服从父母们的管教。孩子们的这种反抗行为往往会激发出父母们的斗志。这时候一些父母就会动用各种手段（指责、打骂等）来"镇压"孩子。

自我意识的觉醒是孩子必然要经历的过程。因为一个人只有"自我"成长了，才是真的长大了。如果父母强势剥夺孩子"自主"的机会，持续地压抑孩子的自我意识，就容易导致孩子出现一系列的问题，让孩子失去对生活的热爱。如果生活都不是"我的"，我又何必需要那么多的激情呢？

为什么我们会忍不住去管自己的孩子呢？因为孩子是我们自己的，我们没有兴趣去管别人家的孩子。没有"我"，就没有"我的"。"我的想法"就是"欲望"，"我的想法"才是"欲望"。一个人只有为了自己的"欲望"才能去奋斗。

在成长的过程中，如果孩子的"自我"得不到良好的发展，孩子就必然会缺少生活的激情，因为他不认为生活是自己的。而学习是孩子生活的一个重要组成部分，也必然不能引起孩子的兴趣。一些孩子出现厌恶学习的问题。也有一些天生聪慧的孩子，把"我"的反抗延后了，丧失了继续学习的动力。

再举一个例子，如果不是"我"想去西藏，是"你"逼着"我"去的，在"我"成功抵达西藏后，"我"会高兴吗？"我"会惊叹那里的纯净与空灵吗？"我"会有成就感吗？

如果"我"本身不想学习，不想考第一，不想上大学，是你一直要求"我"努力学习，考第一，考大学，即使我完成了这些目标，也跟"我"没有任何关系。"我"只是你实现目标的一个工具而已，成功的价值感应该是"你的"，而不是"我的"。一些不擅长学习的孩子，更早地失去了对生活的热爱，更早地开始和父母对抗，更早地开始让父母头疼。

如果这件事是我自己想做的，即使千辛万苦，也甘之如饴。如果这件事不是我自己想做的，是被别人逼着做的，即使成功了，我也体会不到价值感和成就感。

孩子的力量和父母的力量比起来，总是弱小的，何况父母还打着"爱"的旗号——一切为了孩子好。如果孩子反抗无效，怎么办呢？孩子似乎只能选择"躺平（网络用语，不再奋斗）"了。"躺平"是孩子对父母终极的打击和反抗——父母想让孩子长成参天大树，孩子却偏偏选择做一棵病恹恹的小草。

三、醒着，就必须和这个世界产生联结

为什么这个孩子只要有一点空闲，就会玩游戏、看八卦新闻呢？因为这些事情是孩子喜欢的，孩子能从中获得快乐。"喜欢和快乐"并不是这个问题的根本原因。我觉得根本原因是，只要你是一个清醒的人，就必须有所事事，必须心有所依，必须和这个世界产生一点真实的联结。总之，你必须得有点事儿干。你可以学习、工作，可以和他人聊天，可以养花、

养鱼、喝茶、游泳、旅游、打麻将，也可以看电视、玩手机，当然也可以和相爱的人卿卿我我，和仇恨的人你死我活，等等。总之，你不能闲着，总得干点什么。

本文中的这个孩子，已经对生活失去了热爱，他没有了学习的动力，真的不想学习。他每天晚上坐在书桌前学到12点左右，依然没有任何效果。一个没有学习兴趣、没有学习动力的孩子，怎么可能将自己的心思用在学习上呢？如果换作你，此时的你还能做些什么呢？我再强调一遍，只要你还是一个清醒的正常人，就必须做点什么，你不可能像一根木头一样待在那里不动弹。请你想一想：你还能做点什么呢？是不是你只能玩游戏、看八卦新闻了呢？

当这个孩子玩游戏、看八卦新闻时，他会感到快乐吗？如果你追过剧，就可能会有这样的体验：当你通宵达旦、废寝忘食追剧的时候，你可能会随着剧情的变化而有了喜怒哀乐。但是，当你看完这部剧时，你会不会有一种淡淡的恐慌感、无意义感？会不会埋怨自己的颓废与不求上进呢？你甚至会下定决心，以后再也不干这种傻事了！

为什么会这样呢？因为追剧属于休闲娱乐的一种，不具备社会比较价值，你不能在他人面前心安理得地炫耀："我又通宵达旦地追完一部电视剧了，我厉害吧！"追剧这件事不是你炫耀的资本。

如果一个人在现实世界中找不到立足之地，总是在竞争中失败，那么他就可能会在虚拟世界中寻找快乐。如果一个孩子，他的学习成绩总是不理想，总是无法和其他同学建立良好的关系，甚至被其他同学霸凌，那么他就可能会在网络游戏的世界中寻找快乐和安全感。这何尝不是孩子的一种自我保护方式呢？

如果孩子沉浸在虚拟的世界中无法自拔，那么他和真实世界联结的能力就会进一步退化。如果一个孩子长时间地沉浸在虚拟的世界中，他的学习能力、学习成绩、人际关系等就可能变得更差，他回归真实世界的希望就更加渺茫了。

学习是孩子和真实世界联结的一个途径。有的父母总是乐观地、天真地认为，只要孩子努力学习，就能取得理想的学习成绩，然而，他们忽视了一个基本的事实——学习也是一种能力。一些父母总是绕过学习能力这个重要条件，直接要求孩子提高学习成绩，好像学习能力是孩子天生具备的能力一样。

当孩子的学习成绩不理想时，一些父母不会从孩子学习能力的角度去思考。他们认为，孩子之所以学习不好，是因为孩子不够努力；是因为孩子上课不专心听讲，课后不认真完成作业；是因为孩子不想学习，没有学习的动力；等等。

现在我要再强调一遍，学习是一种能力，不是孩子天生具备的，它是一种很复杂、难度很高的能力。再进一步讲，上课专心听讲、课后认真完成作业等都是学习能力强的具体展现。孩子需要慢慢锻炼、慢慢习得这种学习能力。有的孩子之所以不愿意学习，缺少学习的动力，正是因为他们缺乏这种学习的能力。

为什么人们非要和真实的世界产生联结呢？因为单独的一个人活不下去。我们没有牛的力气大，没有老虎跑得快，也没有猴子爬树的速度快。如果一个人独自生活在原始社会，他可能会被饿死，也可能会被其他食肉动物吃掉。因此在数万年的演化过程中，那些喜欢单打独斗的祖先会被无情地淘汰掉。那些能够活下来的人，在基因里刻着"联结"俩字儿。

我们的身体构造也做好了与世界产生联结的准备。我们之所以有耳朵，就是因为要聆听世界的声音。我们之所以有眼睛，就是因为要看这个五彩缤纷的世界。我们之所以有嘴，就是因为要表达自己的心声。更重要的是，我们还有一颗对世界充满好奇的心。

我们和世界的联结，可以被粗略地分为三类：和人的联结、和物的联结、和事的联结。

和人的联结。从一个小小的受精卵开始，我们就和自己的母亲产生了联结。自出生之后，我们就和自己的家人、老师、同学等人产生了联结。我们依靠和人的联结，完成了身体和心理的成长，习得了生存的本领。

和物的联结。在小的时候，我们会和食物产生联结：如果我们吃饱了，就不会觉得饿；如果我们饿了，就会哭泣。长大一点，我们就会和各种玩具、绘本、衣服和鞋子等物品产生联结。再长大一点，我们就会和铅笔、橡皮、作业本、课本等物品产生联结。再长大一点，我们还会和钱、手机、电脑、房子等物品产生联结。

和事的联结。在小的时候，我们会和玩游戏这件事产生联结。长大一些，我们就会和上学、上兴趣班等事情产生联结。再长大一些，我们就会和恋爱、工作、养育孩子等事情产生联结。

好，现在我们一起来分析一下这个孩子的现状。

这个孩子和妈妈的关系好吗？不好。用妈妈的原话说就是"孩子在我的长期控制下，已经不敢和我说实话了"。我觉得，无论怎么强调亲子关系的重要性都不过分。只要亲子关系好，孩子就有了可以栖身的港湾，无论他遇到什么样的困难都不会太害怕，因为他知道自己有父母的支持和信任。

我从众多的案例中得知：如果孩子出现了问题，那么亲子关系就很可能会出现问题。轻者就像这对母子，在斗争中渐行渐远，各自积攒了很多的怨气。重者，亲子关系势如水火，就像仇人一样，谁都不会选择妥协。

健康的心理和人格表现为良好的人际关系，或者，反过来说，良好的人际关系是健康的心理和人格的重要保障。与此类似，所有精神障碍都表现有人际关系障碍。甚至可以说，人际关系的困难和麻烦越多，精神障碍也就越严重。

本文中的这个孩子，有一个已经认识到问题并且逐渐改变的妈妈，还有自己喜欢的同学。这个孩子之所以没有放弃学习，是因为他舍不得离开自己的同学。如果想要这段母强子弱的关系有所改善，处在强者位置的妈妈必须先做出改变。但这种改变需要时间。妈妈要有充分的思想准备。

和同学的联结是孩子和人的一种积极联结，也是孩子没有放弃学习的原因。良好的人际关系能够帮助这个孩子解决很多的问题，至少这个孩子不会觉得自己孤单、无助。目前这个孩子依然是一个正常的孩子。

有些孩子特别喜欢某个布娃娃、某个小毯子等，他们必须在睡觉的时候将布娃娃或者小毯子抓在手里、搂在怀里。布娃娃或者小毯子似乎是妈妈的替代品，也可以理解为孩子和布娃娃、小毯子产生了物的联结。很明显，这个孩子和游戏、八卦新闻产生了事的联结。然而，这种联结更多的是对母亲的反抗，是学习受挫之后的替代品。孩子的学习能力不足，必然会导致孩子的自信心受挫，进而导致孩子不想学习，丧失学习的动力。

一个正常的人，需要同时和人、事、物保持良好的联结。如果你的家庭和睦，有一份自己胜任的，至少不那么讨厌的工作，还能种点花、养点鱼、遛遛狗，那么你的生活就会充满很多的乐趣。

和世界建立联系是我们生存的基础。我们需要学习并拥有这种与世界联结的能力。我们也需要教会孩子习得这种与世界联结的能力。

这个妈妈有没有想过：如果这时候孩子不玩游戏了，不看八卦新闻了，会发生什么事呢？

四、自我、欲望、行动、能力、自信心是一根绳上的蚂蚱

欲望是一个人前进的动力。此处的欲望包含控制欲、性欲等，也包含愿望、目标、理想等，不带有任何的贬义色彩。今天我们要讨论：是什么支撑了一个人的欲望呢？

准确地说，欲望是天生的，尤其是那些和生存相关的欲望，比如吃、喝、拉、撒、睡。按照马斯洛的需求层次理论，生理的需要、安全的需要、爱与归属的需要、尊重的需要、自我实现的需要都属于最基本的需要，是与生俱来的，构成不同的等级或水平，并成为激励和指引个体行为的力量。但是，有的孩子缺失了这些原始的、基本的需要。

本文中的这个孩子，本该是一个充满活力的、雄心万丈的男孩，可他缺少了对生活的热爱，只要有一点空闲，就会玩游戏，看八卦新闻。在现实生活中，这种孩子的数量绝不是少数。有的孩子似乎只能在游戏与八卦新闻的刺激下才能兴奋一阵儿，过后又会陷入迷茫与萎靡不振的状态中。这是为什么呢？最重要的原因可能是这些孩子害怕了。

如果我们想要拥有一个东西或者想要达成一个目标，首先要做的就是敢想、敢要。也可以反过来说，感想、敢要是我们想要拥有一个东西或者想要达成一个目标的前提。

都说孩子是初生牛犊不怕虎，可为什么有些孩子的胆子越来越小了呢？

著名心理学家桑代克提出了一个著名的"尝试－错误假说"。他认为，解决问题的过程是尝试－错误的过程，其进程为：尝试，错误的次数逐渐减少，正确的反应逐渐增多；将各种正确的反应组合后，会产生一系列成功反应的动作。让我们试着揣摩一下孩子的内心：孩子在不断尝试、不断犯错的过程中会感到害怕吗？通过观察，我们得知：年纪尚小的孩子根本

不知道"害怕"为何物，他完全沉浸在尝试的乐趣之中。

在孩子不断尝试、不断犯错的过程中，如果父母不断地责骂孩子，那么孩子会有什么样的变化呢？如果你想要回答这个问题，就不得不了解习得性无助理论。习得性无助理论是指当人们都有控制周围环境的需要，当他们控制环境的努力一次又一次失败时，就对控制环境并且达到目的产生了无助感或绝望感，即使他们处于自己可以控制的环境中了，也不再努力去控制。

本文中的这个孩子，在他十几年的人生中，是成功的次数多呢，还是失败的次数多呢？是父母认可、鼓励孩子的次数多呢，还是父母指责孩子的次数多呢？

更可怕的是，如果一个孩子充满了对学习恐惧，他是不可能轻易地摆脱恐惧情绪的，他会带着这份恐惧踏上今后的人生道路。无论他走到哪里，从事什么样的工作，他都会对学习充满恐惧。于是，他就停下了尝试的脚步，变得畏首畏尾。一个人越止步于行动，越得不到锻炼各种能力的机会，就越不敢行动。

如果你想要获得一份好工作，组建一个幸福的家庭，养育一个健康的孩子，就必须付诸行动。如果你没有付诸行动，就不可能获得成功的人生体验。就像本文中的这个孩子，即使坐在书桌前，他也没有在学习上付诸行动，自然就不可能获得理想的学习成绩。

如果一个人不敢干什么事情，就会被说成缺乏自信心。从表面上看，"不敢干"和"缺乏自信心"之间有很高的重合度，但要深究的话，这两者还是有区别的。"不敢干"是恐惧的表现，它是情绪层面的。而自信心是意识层面的，它是一个人对自己能力的一个评价结果。自信心比恐惧的力量要小很多。一旦恐惧和自信心发生冲突，自信心是必败无疑的。

有的孩子，平常的学习成绩很好，每次考试前都把握十足，信心百倍。

可一旦到了考场上，他就会控制不住自己，心慌、腿抖、手哆嗦，发挥失常，没有取得理想的考试成绩。这是因为他内心的恐惧被考试激发出来了。

一个孩子，光有那种"初生牛犊不怕虎"的勇气是不行的，还必须得有自信心。为什么孩子必须得有自信心呢？我先不回答这个问题，我先来说一说一个人的自信心是怎么来的。

一个人的自信心来自之前欲望的满足，目标的达成。一个婴儿饿了，想喝奶，然后就喝到奶了，这就是成功，他的自信心就会因此增加一分，他就会对下次饿了还有奶喝坚信一分。一个孩子想考班级第一名，然后通过努力真的考了第一名，他的自信心就会因此增加，他就会认为自己具备考第一名的能力。

人的自信心就是这样一步一步地建立起来的，它是建立在曾经成功的基础之上的。反过来，如果一个人总是失败，总是满足不了自己的欲望，那么这个人的自信心就会越来越少，直至完全缺乏自信心。

自信心必须依靠实际能力的支撑。你腰里别着一支手枪，手里端着一支冲锋枪，身后有核武器，无论跟谁打架，肯定都是信心满满的。如果你的手里只有一根木棍，无论跟谁打架，你多少都有点不自信。

一个孩子在上学之后，就必须面对普遍存在的竞争了。在这种竞争的环境中，孩子不仅要拥有某种能力，还要比别人的能力更强。只有这样，孩子才能在竞争中获胜。也只有这种能在竞争中胜出的能力才是真正的能力，才能给人带来自信心。

面对学习，一个孩子光有勇气是不够的，光凭勇气是学不会的，必须有实打实的能力。具备了这种实打实能力的孩子，就有自信心，就敢于去挑战更难的学习。如果孩子没有这种实打实的能力，那就只能像蜗牛一样蜷缩在壳里。因此父母要有意识地去培养孩子这种实打实的能力，以此来作为孩子自信心的来源。

五、如何培养孩子的能力呢

父母该如何培养孩子的能力呢？简单来说就是，根据孩子的具体情况，引导孩子去设定一个（小）目标，然后协助他、帮助他去完成这个目标。在完成这个目标的过程中，孩子就自然地提高了自己的能力。这个完成目标的过程，就叫作行动。

孩子需要获得行动的机会和行动的自由，需要有机会试错。在行动的过程中，孩子需要循序渐进地学习，以及在取得进步后得到他人及时的认可和鼓励。尤其是在学习一些比较复杂的技能时，如果孩子没有人教，天天挨批评，天天陷入困境，那么他就很难坚持下去。如果孩子不能坚持下去，就不能获得能力的提升，更谈不上增长自信心了。

如果孩子有自己的想法，有自己定的目标，又能付诸行动，孩子的自我、欲望、自信心就都建立起来了。自我、欲望、行动、能力、自信心都是一根绳上的蚂蚱，关系紧密，谁也离不开谁。

但是，只要"自信心－欲望－行动－能力"这个循环开始了，就会产生一种奇妙的效果——提升了自信心的孩子，就会产生更多的欲望，就会更有行动的动力，能够习得更多的能力，进一步增强自信心。孩子通过努力完成了一个小目标，能力就提升了一点，自信心就增加了一分。

六、还能将孩子从悬崖边上拉回来吗

首先，母子俩之间要休战，不能让母子关系继续恶化。可以这样说，孩子能否重回正轨，取决于母子之间的亲密程度。

休战的具体方式，就像本文中这个妈妈说的："以前的我会苦口婆心地给孩子说一通道理，现在的我选择了沉默，因为孩子的耳朵已经自动屏蔽了我的说教。"一些家长的嘴就像机关枪，说出去的话就像机关枪打出去的子弹，是能杀人的。如果妈妈想要挽救孩子，就得先把嘴巴闭上。好在本文中的这个妈妈开始学习心理学课程，开始接纳孩子，变得越来越有耐心了。

有的家长会说："对于你说的这些道理，我都懂啊！可一看到孩子颓废的样子，我就忍不住唠叨啊！"

我知道让家长闭嘴比登天还难。家长不能一边跟孩子讲和，一边不停地拿机关枪突突孩子吧，否则孩子怎么会信任家长呢？

闭上嘴是基础，是最前面的那个"1"，没有最前面的那个"1"，后面再多的"0"都没用。如果父母有了那个"1"，后面跟着的第一个"0"应该是接纳孩子的现状，降低自己对孩子的预期。就像那个把腿摔骨折的人，就不能再想着去跑马拉松，去争冠军了。他要想什么呢？他要想如何把自己的伤养好。

如果这个妈妈没有"灵丹妙药"，就别老想着孩子中考这件事了。我也是当父亲的人，非常理解父母希望孩子好的那颗心。当孩子没摔倒时，如果父母督促孩子快跑，那是爱孩子。在孩子摔倒之后，如果父母还逼着孩子快跑，那可就是把孩子往火坑里推了。

在做心理咨询的过程中，我发现，一些父母根本不认为自己的孩子已经摔倒了，已经出现心理问题了，他们始终认为自己的孩子懒，不求上进，青春期叛逆。这些父母将学习看得比吃棒棒糖还容易，特别不理解孩子为什么不愿意学习。

后面跟着的第二个"0"应该是监督孩子，防止事态继续恶化，防止孩子产生更严重的心理问题。有的孩子，没有了父母的监督，就会更加放肆。有的父母忽视了监督的重要性，总认为孩子会说到做到，在孩子"出尔反尔"之后，就会歇斯底里地怪罪孩子。

我们很难统一这个监督的底线，需要视孩子的具体情况而定。比如孩子可以玩游戏、看八卦新闻，但每天不能超过 1 小时。一旦到了双方商定好的时间节点，孩子就必须停止玩游戏、看八卦新闻。父母需要尽全力守住这条底线，对于孩子超出底线的行为，必须严厉禁止。

一个孩子能不能成才，能不能成功，受很多因素的影响，不是父母能够左右的。但父母毫无底线的溺爱会让孩子走向堕落。这个底线就像一个国家的国界，如果你能用实际行动告诉世人"谁敢进犯我国领土，我就跟他血拼到底！"，那就真的没有人敢轻易惹你。你的"邻居"真的就会变成"谦谦君子"。

父母虽然无法确保孩子一定能爬到山顶，但是有责任确保孩子不跌入深渊。在这个前提下，如果父母不知道该怎么做就不做，不知道该怎么说就不说，以便给自己和孩子创造一个休养生息的机会。好比那个腿部骨折的人，看似什么都没干，整天打瞌睡，其实是在自我疗愈、自我恢复。就像伤口在愈合的过程中，你一会儿感觉疼，一会儿感觉痒，只要你忍住不去挠伤口，只要时间充裕，伤口就会痊愈。

在休养生息的这段时间内，孩子大概要做三件事：第一件事是慢慢宣泄那些积压已久的不良情绪，第二件事是重建对父母的信任，第三件事是规划自己的未来。任何一个正常的孩子，只要还没到那种自暴自弃的地步，就会有积极向上的动力。父母一定要对孩子有信心。你要相信，没有人愿意当失败者。

等亲子之间的关系缓和之后，等孩子的情绪逐渐恢复平静之后，等孩子重新建立对父母的信任之后，父母要想办法引导孩子采取行动，比如引导孩子完成一个小目标。这个小目标可以是每天运动半小时，可以是画一幅画，也可以是每天背五个单词、一首古诗，等等。至于孩子具体做什么，父母需要根据孩子所具备的能力来综合判断，充分考虑、尊重孩子的意愿。总的原则是目标由小到大，父母戒急戒躁。如果孩子完成了目标，获得了成功，父母要及时地认可与鼓励孩子。

第二节
曾经的学霸

以下是一位妈妈的困惑：

我女儿从一个县级初中考上了省级排名前三的高中。升入高中以后，周围的学霸众多，她再也不像初中那样出类拔萃了，因此她的落差极大。她在班上也没有受到老师的格外关注。她上初中时，真的是在老师和校长的夸奖中度过的。

高一上学期结束后，我女儿就好像打了败仗一样，垂头丧气，整个假期都无法安心学习。我感觉现在的她学习压力很大，没有学习的动力，没有学习的目标，和初中那个勤奋学习、力争上游的她判若两人。她经常偷偷地用 QQ 软件聊天，向朋友诉说自己的苦闷。

我为此批评女儿好几次，但都对她不起作用。她爸爸、她姥姥一直埋怨我没有让她养成独立自主的生活习惯和学习习惯。现在我女儿想回到我们的县城上高中，她想天天在家里住，不想住校。

由于我怕女儿有心理问题，因此我带她做了两次心理咨询。经过心理咨询师的开导后，我女儿的状态在短时间内好转了一些，之后又恢复了原样。我准备带女儿去医院看看。可我又害怕女儿给自己贴上"患有心理疾病"的标签，她是一个特别敏感的孩子。我该怎么办呢？

一、学霸是怎么一步一步地沦落的

从实际的咨询案例来看，这类被老师夸着长大的孩子的确是咨询的主要群体之一。不是说老师不能夸孩子，而是这类孩子之前的表现太优秀，之前的一帆风顺会让他们的心理很脆弱，缺乏韧性。一旦环境发生变化，就容易导致这些孩子产生心理落差。环境的变化导致一些孩子的实际能力相对落后了，从老师眼中的优秀学生到现在的普通学生。在学习上，这些孩子从原来的轻松应对到现在的疲于应付，渐渐地丧失了自信心，出现了各种心理问题与行为问题。

本文中的这个孩子，从县级初中考到省级高中，从老师眼中的优秀学生到现在的普通学生，产生了巨大的心理落差。如果父母对孩子的心理缺乏基本的了解，一般就不会理解与接受孩子的这种巨大变化。有的父母会对孩子说："你现在的学习条件这么好，你怎么就不知道珍惜呢？原来的你是那么优秀，现在的你，只要再努力一些，就可以做到更优秀。"

其实，孩子又何尝想过这种"技不如人"的日子呢？只是因为孩子在面对现状时感到力不从心。我们普通人的自信，都是建立在一连串成功的体验上。本文中的这个孩子，在上初中时，她的自信心来源于：

（1）考试成绩总是名列前茅，甚至总是第一名，这种群体比较的胜利会让她产生这样的认知——她是最棒的，她就是"鸡群"里的那只"鹤"。

（2）总能得到老师、校长的夸奖，这代表她得到了权威人士的认可——他们也认为她是最棒的，这种被老师、校长夸奖的感觉真的太棒了。

（3）有很强的自信心——她认为自己有能力考第一名。而每次都能考第一名又增强了她的自信心。

（4）从此有了一种害怕失败的恐惧——她必须保住目前的成绩排名，坚决要当第一名！这也是她勤奋学习、力争上游的核心动力来源。

等她上了高中之后，原来的"鸡群"就自动解散了，她周围的同学都是"鹤"，她终于进入了"鹤群"。进入了"鹤群"之后，这个孩子是如何丧失自信心的呢？

首先，面对一个陌生的环境，这个孩子心生恐惧，尤其是从小县城的初中到大省城的高中，很容易产生自卑感。

其次，同学的崇拜与老师的夸奖都不见踪影了，取而代之的可能是其他同学的落落大方、各项成绩优异，也可能是老师陌生的、怀疑的目光，这些变化都会对这个孩子的心理造成巨大的冲击。

再次，高中的学业难度让这个孩子有了吃力感，这个孩子非常不适应住校的生活。

最后，"压垮孩子的最后一根稻草"则可能是一次又一次的考试成绩。当不理想的分数与排名摆在这个孩子面前的时候，她那颗幼小的心就被击碎了。

面对环境的巨大变化，谁也别吹牛，就算我们成年人，也一样需要一个漫长的适应期，也一样可能被环境的变化击垮。所以，在孩子转学、升学、搬家、出国后，父母一定要多关注孩子，一定要尽全力地帮助孩子度过新环境的适应期。

我曾经也是一个从农村来城市借读的孩子。我父亲的英明之处在于，他先让我在农村上完小学一年级，等我到了城市以后，再让我从一年级开始上。为什么要这样做呢？因为我父亲认为，城里的小学学习进度快、难度大，我先在农村小学学习一下一年级的知识，在上城里的一年级时，就能跟得上学习的进度。

一个人的学习能力是至关重要的。一个孩子只有具备了学习的能力，才能考高分，提高自信心。如果我是这个孩子的父亲，我会同意孩子的选择，让孩子回到县城上高中，或者休学一年。我这样做的目的是什么呢？目的是，先让这个孩子疗伤，让她从目前的恐惧、自我怀疑、自卑的情绪中脱离出来，然后帮助她增长能力，重建自信。

二、在带孩子做心理咨询前，父母需要注意的事项

如果我们生病了，就去医院找医生帮我们解决问题，我们花钱就行。如果我们遇到法律纠纷了，就去找律师帮我们解决问题，我们给他钱就行。如果我们的车坏了，就去找修理工帮我们解决问题，我们结账就行。总之一句话：我们可以花钱解决一些问题，不需要再额外付出时间和精力。但心理咨询不是这样的。花钱找心理咨询师不一定能解决问题。想要解决心理问题，我们还需要付出时间和精力，领悟、改变、成长。

在带孩子做心理咨询前，父母需要注意以下事项：

（1）如果父母发现孩子目前的想法、做法和原来的不一样或者和正常的孩子不一样，就可以怀疑孩子的心理出现了问题，需要及时寻求专业人士的帮助。这样做的好处是能及时评估孩子目前的心理状态。如果孩子的心理有问题，就需要及时的干预。

本文中的这个妈妈之所以带孩子去做心理咨询，一定是因为孩子的问题比较严重了，一定是因为妈妈的批评对孩子不起任何作用了，这才想起心理咨询"这根稻草"。等孩子的问题严重了，再带孩子去做心理咨询，往往就错过最佳时机了，心理咨询也很难起作用了。

（2）父母需要改变认知，接受心理问题和感冒发烧一样正常，不是什么丢人的事，千万不可藏着掖着，把小问题拖成大问题。

在孩子刚开始厌学的时候，这个妈妈肯定不会认为孩子的心理出现了问题，也肯定不会想到环境的突然变化、孩子的心理素质不够强大导致了

孩子的心理问题。有的家长认为，孩子之所以出现问题，是因为孩子矫情、不够努力、不懂事等。

即使在今天，一些人也会将心理问题和精神病等同起来，认为看心理医生是一件很丢人的事。结果，拖着拖着，小问题就变成大问题了。说实话，孩子在学习上出现问题是一件很正常的事情，哪个家长都不愿意将学习问题和心理问题挂钩。父母要认清这样的现实，找专业的人解决专业的问题，一定是效率最高的、效果最好的。

（3）在确定孩子是否有问题的阶段，最好和去医院看病一样，多找几位心理咨询师，以免误诊，因为误诊就必然会导致误治。心理咨询师的素质良莠不齐。有的人考一张资格证就敢上岗。再加上"心理"这个东西是看不见、摸不着的，就给一些心理咨询师提供了自由发挥的空间。

（4）不能将心理咨询师当"神药"，不能指望药到病除，更不能指望心理咨询师说几句开导孩子的话，孩子就能好。

本文中的这个妈妈，只带着孩子去做了两次心理咨询，就对心理咨询的效果产生了怀疑。这种情况是很常见的。有的父母在带着孩子做过一次心理咨询后就再也不露面了，最主要的原因就是现实打破了那个肥皂泡，他们就此认定，所谓的心理咨询就是聊天的，就是骗钱的。

（5）父母是孩子成长环境的主要创造者，就像园丁之于花朵。如果花朵招了虫、害了病，父母就有不可推卸的责任。往轻里说，父母需要积极配合孩子，帮助孩子走出困境。往重里说，孩子的心理问题可能是父母教育理念与方式存在问题的体现。当孩子的心理出现问题时，父母首先需要反思并改正自己的错误。本文中的这个妈妈显然没有从自己的角度考虑过孩子的问题。

（6）孩子心理的成长注定是一个长期的过程，一旦问题出现并被父母识别与重视，那就绝不可能在几天、几个月之内被解决。在解决孩子问题的过程中，父母要主动地降低自己对孩子的预期，比如这个妈妈，就不能再奢望孩子重新成为"学霸"了。孩子有了严重的心理问题，就好比一个人摔断了腿，最需要做的是休养生息，而不是奋起直追。

（7）无论是从理论上来看，还是从实践的经验上来看，对一个孩子帮助最大的并不是心理咨询。心理咨询顶多是孩子的一根拐棍儿。对孩子帮助最大的是父母的理解与支持。父母应该让孩子早日脱离那个造成心理问题的糟糕环境，让孩子有一个可以安心疗愈的空间。

为什么这个孩子经过心理咨询师的开导以后，在短时间内会好转一些，之后又会恢复原样呢？因为这个孩子依然待在原来的环境中。这个孩子就好比是一个在战场上受伤的战士，只有先让她远离战场，关心她，为她疗伤，她才有重返战场的可能性。如果父母硬逼着这个受伤的孩子去和敌人玩命，那么这个孩子就只有死路一条了。

（8）如果我们想要自己的身体健康，就加强锻炼，定期体检，将疾病解决在萌芽状态。如果我们想要孩子的心理健康，就需要给孩子提供良好的生存环境。孩子就像小树一样，一旦长歪了，就需要修理。父母要在孩子成长的过程中，及时地将孩子的问题解决在萌芽状态。

一个家庭的关系模式，父母的性格特点、教育方式，孩子在每个发展阶段的成长规律，等等，都是可以提前咨询、提前评估的。心理咨询就像学习，你花钱买书，花钱上课，最后你能不能把知识装进自己的脑袋里，还得看你个人的努力。

三、孩子还能变回"学霸"吗

在咨询的过程中，我见过很多重新站起来的孩子，也见过很多没有站起来的孩子。哪些因素能决定孩子重新站起来呢？我认为是家庭的和睦与稳定，父母的理解与接纳。

这个孩子之所以出现心理问题，是因为她在学校遇到了困难，她被自己的学习成绩打败了。孩子吃了败仗，应该怎么办呢？孩子需要一个疗伤的地方。对于孩子来说，这个疗伤的地方就是家。如果家庭不和睦，父母总是吵架，总是互相埋怨，总是处于一种"山雨欲来风满楼"的状态，没有让孩子体会到家庭的温暖，那么孩子可能就是"屋漏偏逢连夜雨"，无处躲藏，无处疗伤。

说实话，这个妈妈的焦虑指数还不是最高的。有的妈妈一看到自己的孩子不学习、不上学，就处于一种精神崩溃的状态，整天以泪洗面，比孩子"病"得还厉害。

有一个孩子对自己的妈妈说："妈，你知道吗？原来的你可不像现在这样情绪稳定，善解人意。原来的你整天朝着我大喊大叫，训斥我，那时的我整个人都是蒙的，除了害怕你，就是害怕你。我不知道你什么时候就会歇斯底里。那时的我认为自己的生活是暗无天日的。"

还有的父母，在孩子的心理出现问题后，就想推卸自己的责任。丈夫对妻子说："你整天什么事都不干，把孩子教育成现在这样，你还有脸哭啊？"妻子听到后怒怼丈夫："你整天不在家，孩子出问题了，你竟然有脸赖我啊？"这个家里面总共就三个人，却都心怀怨气，互相看着不顺眼。孩子怎么能在这种家庭中健康成长呢？

那些能够重新站起来的孩子，大多有一个情绪稳定的妈妈或者爸爸。在孩子出现心理问题后，这类父母最初可能会惊慌失措，但他们能及时地控制住自己的情绪。在孩子出现问题后，孩子爸爸对孩子妈妈说："你别怕，有我呢！"这是我在做心理咨询的过程中听到的最让我感慨的一句话。如果父母的情绪稳定，心往一块想，劲往一块使，家庭和睦，就有助于孩子的心理康复。

打仗拼的是什么呢？除了精良的武器与勇猛的士兵以外，还要看后勤补给、战场救助、思想动员等一些"软实力"。如果士兵受伤了，败下阵来了，等着他的不是理解与安慰，而是批评与逼迫，那他怎么能恢复健康呢？那他怎么会重新站起来呢？

还是那句话，没有一个孩子愿意打败仗。孩子已经败下阵来了，如果父母不帮他，他还能指望谁呢？

四、是什么让孩子在竞争中获胜呢

省级排名前三的高中就像一个窟窿眼特别大的筛子，能被选上的都是大个儿的"幸运儿"。然而，等待这些"幸运儿"的是更加激烈的竞争和新一轮的淘汰。全国排名前三的名牌大学是一个窟窿眼更大的筛子，它会筛选出个头更大的"幸运儿"。如果孩子想成为个头更大的"幸运儿"，就必须付出辛勤的努力。

如果你爱好体育，看过那些世界顶级的赛事，比如世界级的锦标赛、奥运会，你就会知道，各运动员在技能水平相当的情况下，谁能在赛场上笑到最后，除了要看运气以外，还要看运动员的心理素质。越是顶级的竞争，对个人心理素质的要求就越高。

1921 年，美国斯坦福大学心理学家推孟教授发现，一些高智商的天才儿童在成年后并没有在事业上获得成功。针对这个现象，心理学家们又根据大量的研究，总结出来一个经验公式：成功 = 20% 的智力因素 + 80% 的非智力因素。

学霸或高考状元的智商肯定是同龄孩子中较高的。智商的高低只是决定一个人能否成功的条件之一，而不是唯一的条件。学霸或高考状元是多场竞赛的胜利者。面对高强度的、长时间的学习任务，没有人可以随随便便成功。就像本文中的这个孩子，她初中生活的辉煌是她自己通过努力得来的。

只不过随着竞争的升级，从"县初中"到"省高中"，从"鹤立鸡群"到"与鹤为伍"，一些非智力因素的权重增加了。有哪些非智力因素呢？

我主要说几个与心理相关的非智力因素。

1. 心理弹性

心理弹性是指一个人在面对逆境、压力或挫折时，依然能够保持乐观、自信、适应性强的心理状态，具有应对困难或挑战的能力。它是一种积极的心理状态，能够帮助孩子更好地适应生活中的变化和挑战，能够帮助孩子更好地控制自己的情绪和行为。在面对学习的压力或挑战时，有心理弹性的孩子可以通过自我调节的方式，调整自己的情绪或行为，从而及时地摆脱困境，更好地应对学习的挑战。本文中的这个孩子缺乏心理弹性，心理脆弱，就像在温室里长成的花朵，经不起暴风雨的摧残。

2. 性格坚毅

坚毅，指的是坚定而又有毅力。性格坚毅的孩子，大多具有非常明确的目标，为了完成目标，能够勇敢地面对困难和挑战。这类孩子不怕失败，愿意尝试新事物，学习新技能，并从失败的经历中吸取教训，不会轻易受到他人评价的影响。在完成目标、克服困难的过程中，这类孩子具有顽强的意志力，勇往直前。人活一世，不可能永远都是一帆风顺的。在遇到困难时，我们需要展现出自己的坚毅。然而，本文中的这个孩子一遇到困难就退缩了，丧失了拼搏的勇气，就是因为她的性格不够坚毅。

3. 情绪智力

情绪智力，简称"情商"，它是指个体监控自己及他人的情绪和情感，并识别、利用这些信息指导自己的思想和行为的能力。情绪智力，代表一个人的情绪识别与控制能力。情绪识别是指一个人能够清楚地知道自己或别人的情绪状态。是恐惧了，还是焦虑了？是生气了，还是嫉妒了？你只有看到自己的情绪，才能准确地应对。情绪控制是指一个人根据不同的情景来决定自己表达情绪的方式与程度。

4. 成就动机

成就动机是指个体追求自己认为重要的、有价值的工作并使之完美的动力。换一种说法是，如果一个人的内心有一种成功的信念，这种成功的信念会促使他高标准地要求自己，然后他就会获得成功。在这种内在动机的驱使下，个体会不断地激发个人的潜能，并不断地约束自我，强化自我，完善自我，直至获得成功。如果孩子缺乏成就动机，他就很难克服一些困难。

5. 成长型思维模式

具有成长型思维模式的人认为，有难度的工作可以提升自己的智力和能力。具有成长型思维模式的人倾向于选择能够帮助自己学习和培养新技能的目标，在面对具有挑战性的任务时，能够坚持得更久。这种成长型思维模式与良好的心理特质相关。具有成长型思维模式的人认为，所有的事情都离不开个人的努力，这个世界上充满了有趣的挑战。

和成长型思维模式相对应的是固定型思维模式。具有固定型思维模式的人认为，自己的智力和能力已经被固定了，不会再变化。这类人极度在意并想要获得外界的正面评价，从而忽略了事情本身的乐趣。本文中的这个孩子就缺少这种成长型思维模式。

6. 领导力

什么是领导力呢？为什么要培养孩子的领导力呢？在这个竞争日益激烈、快速变化的时代，领导力应该是每个孩子必备的素质。有领导力的孩子，不仅能更好地管理自己，还能更好地影响他人，更好地适应社会和未来。领导力体现在方方面面，比如自我管理、目标设定、问题解决、团队合作、沟通表达等等。

7. 竞争力

竞争力是参与者双方或多方的一种角逐或比较而体现出来的综合能

力，它是一种相对指标，必须通过竞争才能表现出来。如果这个孩子还是在县城读高中，那么她所面临的竞争就可能不会那么激烈，她就可能不会有所谓的心理问题。但问题是，如果这个孩子顺利地考上了大学，竞争就结束了吗？当然不会结束。优胜劣汰，适者生存，是自然界的法则。人生在世，竞争不可避免。每个人都要在竞争中成长，在竞争中丰富自己。竞争是社会前进的动力。没有了竞争，社会就会缺乏活力，像一潭死水，毫无波澜。如果竞争太激烈，缺少了对弱者的保护，社会就可能会因为竞争过于残酷而崩溃。

别逼孩子。如果你想让孩子在竞争中获胜，就需要帮助孩子具备以上那些条件。

别逼孩子。孩子能否在竞争中获胜，还取决于你的强弱。

别逼孩子。他还是一个孩子。

五、孩子遇到了困难，为什么不求助父母呢

本文中的这个孩子，学习压力很大，没有学习的动力，也没有学习的目标，幸亏她还有朋友。如果她没有朋友，结果会是什么样子的呢？她遇到了这么大的难题，为什么不找父母帮忙呢？

1. 瞧不上自己的父母

一些青春期的孩子，认为自己长大了，不用再对父母言听计从了，开始看不起自己的父母了，开始鄙视父母的一言一行了。一言不合，这些孩子就会对父母哼一下，直接来一句"你啥都不懂！"，就不愿意和父母继续聊了。在遇到问题时，这些孩子当然不会求助自己的父母。

2. 不敢求助父母

孩子之所以在遇到问题时不求助父母，肯定是因为以往的经历。有的父母在和孩子相处、沟通的过程中，常会用指责、打骂的方式对待孩子，开口就是"你这样做是不对的！""跟你说了多少遍，你怎么又忘了！你

怎么又错了！"。一些孩子在受伤后，选择躲在角落里默默地舔舐伤口，因为他们的父母不能容忍他们的不足之处，他们的父母不仅不会关心、安慰他们，还可能会责备他们。在这种情况下，孩子不求助自己的父母是明智的选择，毕竟谁都不喜欢被指责、打骂。见到父母，孩子躲还来不及呢，怎么可能会主动地往前凑呢？

3. 父母是孩子遇到的大难题

有的父母就是孩子在生活中遇到的大难题。有些孩子的问题是父母一手造成的，比如父母长时间的虐待孩子、漠视孩子等。在这种情况下，亲子之间的情感纽带早已经断裂了。在孩子的心目中，父母可能还不如一个陌生人，因为孩子不曾被陌生人伤害过。有些父母的本意是爱孩子，可这份爱太沉重了，幼小的孩子根本承担不了，最后只能用尽全力逃脱。

4. 父母没有教孩子寻求帮助

父母应该告诉孩子，在遇到自己难以解决的难题时，要向周围的人求助。孩子做到这一点的前提之一是不能害怕自己的父母。大多数父母都是希望孩子好的人，都是愿意帮助孩子的人。只要孩子开口求助，大多数父母就会全力以赴。

如果父母有能力，就争取做孩子的领路人。父母要有意识地培养孩子的竞争意识，也要明确地告诉孩子："不管你遇到什么样的困难，都可以对我们说，我们可以和你一起想办法解决。"

如果父母不能在学业上、事业上给孩子更多的引导，就可以做孩子的知心人，经常和孩子说说心里话，听孩子诉说一下心里的苦闷。如果父母是孩子的朋友，孩子在遇到困难时就会求助父母。

如果父母的能力实在不行，那就少唠叨、少指责孩子，照顾好孩子的衣食住行，让孩子有一个可以遮风挡雨的家。总之，父母千万别做孩子的仇人。

第三节
拯救一个濒临崩溃的女孩

一、一个濒临崩溃的女孩

让我来描述一下坐在我面前的这个长相秀气、戴着眼镜、害怕看我的小姑娘：

（1）已经上初中，学习成绩很差，全班倒数第一。

（2）和老师的关系差，经常说老师的坏话。老师认为她应该看心理医生，不适合在学校待着。

（3）和同学的关系差，融不进集体，在班里没有一个朋友，和某一个女班委的关系尤其差，原因是那个女班委不让她参加国庆方队，有一次她还被那个女班委赶出了教室。

（4）和父母的关系差，不服管，用父母的话说就是她特别犟。

（5）情绪差，有攻击行为，如果其他同学在教室里、在她周围吵闹，她就会爆粗口，甚至还会动手。

（6）注意力差，上课坐不住，非常容易走神。

再来听一听小姑娘的自述：

（1）她认为自己是班里最漂亮、最聪明的学生。

（2）她不知道为什么老师、同学都和她作对。

（3）如果学校里有心理咨询室或宣泄室，她一定会第一个去。

（4）在气头上，谁都会控制不住地爆粗口。

教育的目的是让孩子成为一个有秩序感的生命体，让孩子成为社会的一员。再来看看这个小姑娘，她的心理秩序是不是已经崩溃了？

二、心理秩序崩溃的孩子

1.社会适应能力差

社会适应能力是孩子综合素质能力高低的间接表现。社会适应能力良好的孩子愿意融入集体，能够积极主动地投入到学习中，愿意体验与他人交往的乐趣，拥有强烈的自豪感和自信心。而本文中的这个孩子，没有融入集体，社会交往能力差，学习成绩也不理想，这些显然是社会适应能力差的表现。

2.家庭关系崩溃

家庭关系崩溃的表现有：

（1）父母的情绪开始失控。父亲暴跳如雷，大喊大叫；母亲歇斯底里，以泪洗面。如此一来，家庭氛围就会变得紧张、压抑。

（2）夫妻俩的关系紧张，夫妻俩之间的矛盾开始被激化，夫妻俩互相指责，互相推卸教育孩子的责任。

（3）父母和孩子之间的关系到了势如水火、视如仇敌的地步，沟通渠道基本被堵死。

3.心理秩序崩溃的表现

（1）情绪变差，有的孩子容易被激怒，有的孩子抑郁。

（2）注意力变差，这点主要体现在学习上。本文中的这个小姑娘，已经上初中了，却完全坐不住，注意力非常差。

（3）认知扭曲，对自己、同学、老师、父母的评价出现认知偏差。

（4）缺乏自信心。社会适应能力差者，无论是成人还是孩子，都不可能有很强的自信心。自信心是建立在成就感和获得感上的。而成就感和获得感则需要成功的体验。本文中的这个小姑娘，学习成绩非常不理想，缺乏成功的体验，自信心不足。

（5）孩子会有一些过激的行为，比如自残、攻击他人等。本文中的这个小姑娘，和老师、同学的关系都不好，总认为别人都和她作对。

（6）有的孩子还会沉迷于游戏。这也不难理解，一个人总得找点事做，以便打发时间。如果孩子没有在现实生活中找到存在感，就会选择在游戏的世界中寻找存在感。一些沉迷游戏的孩子会在游戏中获得成就感。

三、孩子真的想灰溜溜地躲在家里吗

孩子当然不想待在家里。那为什么孩子死活不愿意去上学呢？因为他的学习成绩差，他和老师、同学的关系也差。

上过学的你应该知道，如果你听不懂老师讲的内容，跟不上老师的教学进度，你会感觉多难受。本文中的这个小姑娘，学习成绩倒数第一，她听老师讲课肯定跟听天书一样。如果天天让你听天书，你能听几天呢？你愿意乐呵呵地去听吗？

也有一些孩子，虽然学习成绩不理想，但是他们似乎并不反感学校，原因就是他们在学校里有朋友，他们能感受到老师和同学的友好。本文中的这个小姑娘，不仅没有朋友，还到处都有仇人，她怎么能在学校里待得住呢？如果孩子在某个环境中感觉不舒服，他又怎么可能待得住呢？面对糟糕的环境，孩子只能选择逃离。

四、逼孩子上学，符合父母的利益

有的父母，一听孩子不想上学了，脑袋就开始失灵，情绪就开始失控。这些父母认为，孩子不想上学，这是天大的坏事，任谁都淡定不了。更何

况孩子的身上还寄托了父母无限的期望。孩子不想上学这件事，在摧毁了父母的理智与情绪之后，其破坏力必将延伸到家庭关系上。

每个家庭都会有这样或那样的矛盾，家家有一本难念的经。当孩子学习成绩好的时候，一些矛盾就被隐藏起来了，没有机会露头。当孩子学习成绩不理想时，一些矛盾就被显现出来了。常见的戏码：

妈妈一脸怨气地指责爸爸："你就知道工作，整天不在家，也不管孩子。在孩子出了问题之后，你就知道赖我。"

爸爸一脸愤怒地回怼妈妈："你整天在家啥都不干，连一个孩子都教育不好。我不怪你，怪谁呢？"

或者是这样的戏码：

妈妈一脸愤怒地指责爸爸："你整天啥都不干，见了手机比见了孩子都亲。孩子能不出问题吗？"

爸爸的脸上透露出一丝愤怒，回怼妈妈："你的本事不是很大吗？你不是不让我插手孩子的事吗？你现在知道找我了，你早干吗去了？"

父母仅存的一些理智在这种互相伤害中逐渐丧失。把责任推给别人，而不是主动地揽到自己的头上，这或许才符合人性吧。如此一来，逼孩子去上学，是符合父母利益的。那么父母怎么做才能让孩子赶紧去上学呢？有的父母会苦口婆心地劝孩子："孩子，你赶快去上学吧。你不上学怎么能行呢？你马上就要考试了，马上就要中考了。如果你不去上学，你的前程就毁了！"

如果父母给孩子讲道理不管用，就会对孩子来硬的了，比如呵斥、打骂孩子等。如此一来，父母和孩子的关系就如同死敌了，亲子沟通的渠道就被彻底堵死了。如果父母想要解决孩子的上学问题，靠强制手段是行不通的。亲子沟通的渠道一旦被堵死了，就很难解决孩子的问题了。

五、接受孩子不能上学的现实

孩子不上学，待在家里的滋味好受吗？可别小瞧这个问题，好多父母没想过这个问题，他们只是在想："为什么孩子不上学呢？""怎么才能让孩子去上学呢？"客观地说，这也不能怪父母。在遇到重大危机的时候，普通人往往都被吓傻了，或者被气晕了，实在做不到设身处地地去体谅别人的内心感受。

但我要告诉父母，孩子心里的滋味是真的不好受，更准确的描述也许是孩子非常苦闷、懊恼、憋屈，有的孩子甚至会有某种负罪感，因为他辜负了父母的期待。这时候孩子需要什么呢？孩子需要一个安静一点、安全一点的环境，以便安抚自己受伤的心灵。在此基础上，孩子还需要他人帮自己包扎好伤口，帮自己重建上路的信心和勇气，帮自己指明前进的方向。

现在有没有办法帮助孩子或家庭重建秩序呢？理论上来说，有。

当父母坐在咨询室里，当我认为自己已经了解足够多的情况时，我就会问父母第一个问题："孩子在短时间内肯定不能去上学了，你们能接受吗？"就通过这一个问题，我就能估算出这个孩子回归学校的概率大小。从父母的眼睛里，从父母的言语里，我就能感受到父母对孩子的态度是否真诚。

如果父母能真心地接纳孩子的现状，那么孩子重返学校的概率就大一些。那些言不由衷的父母，嘴上说着接受孩子，心里却有自己的小算盘，他们的孩子重返学校的概率就小一些。

接纳现状是改变的开始。

摔倒了，虽然很疼，但是只要承认自己摔倒了，就能重新站起来。如果一个人坐在地上，依然说"我没摔跟头！"，那他就不用指望自己站起来了。如果父母不承认孩子遇到了困难，那就不可能去帮孩子克服困难。

如果父母能够接纳现状，就说明父母可以控制自己的情绪了。情绪一旦得到控制，人的理智就恢复了——接纳本身就是一种理智。如果父母想要给孩子提供有效的帮助，就必须先控制好自己的情绪。父母接纳孩子的现状，不仅体现了父母的成熟度，还反映了父母对孩子的爱。说句难听一点的话，那些不承认孩子现状的父母，是自私的，他们并不爱孩子，只是把孩子当作自己的一件物品。如果这件物品被摔碎了，父母就急着修复这件物品，至于这件物品疼不疼则不属于父母关注的范畴。

如果父母能够接纳孩子的现状，我就会接着问第二个问题："你们能给孩子多少调整的时间呢？是一周、一个月，还是一年？"这个问题的答案直接反映了父母是否真的接纳孩子的现状。父母给孩子的时间期限越长，越能放下急功近利的幻想，给孩子营造一个适合疗愈的环境。然后我就会向这些父母解释为什么孩子暂时不能去上学了。为什么要解释呢？因为我要尽自己最大的努力确保父母能理解孩子。

六、父母需要体谅孩子心中的苦

作为父母的你，觉得孩子的心里苦吗？这个问题意在确定你和孩子之间是否具有心意相通的能力。如果你经历过苦难，那你就可能尝过"哑巴吃黄连"的滋味。如果当时有人理解你、体谅你，轻轻地握一握你的手，默默地拍一拍你的肩膀，那你就一定体验过什么是"温暖"。

一个被学习打败的孩子，就像一只独自在夜晚行走的羔羊，听着四周的狼嚎，浑身哆嗦，多么渴望看到家里亮着的灯光，多么渴望父母来领他回家。父母对孩子的体谅，不能仅停留在口头上，必须得是那种感同身受的体谅。我一般会这样启发父母："看着孩子现在的样子，你会心疼吗？"

你还记得孩子打针吃药时蜡黄的小脸吗？你还记得孩子有气无力地说"妈妈，我难受"吗？当时的你一定心疼过。现在，孩子的心生病了，并且病得非常严重。现在的你也应该心疼。有的父母，这种心疼孩子的能力渐渐地减弱了，心里只有孩子的学习成绩。

如果你心疼了，你的真情实感才能表现出来，孩子才能感受到你的理解与关心，这是重建亲子关系的第一步，也是帮助孩子走出困境的一个重要环节。

此时的孩子是惊恐的，内心是敏感的。如果孩子体会到父母的虚情假意，那他心灵的大门就不会向父母敞开。有的父母心疼的是孩子的学习成绩，而嘴上却说"妈妈心疼你，妈妈理解你"。

即使父母真的理解孩子，并向孩子表达了善意，孩子也不可能马上好转。俗话说："病来如山倒，病去如抽丝。"孩子的病来得快，想要康复还需要一段时间。夫妻双方要心往一块想，劲儿往一块使，改变原来紧张、压抑的家庭氛围。

有的孩子之所以不愿意去上学，是因为学习成绩不理想、人际关系差等。如果家里比学校还要寒冷，还要危险，那孩子还怎么活呢？是不是孩子只有沉迷游戏这一条路了呢？

七、帮助孩子重建自信

等孩子的腿慢慢康复之后，重新站起来奔跑的欲望就随之而来了。这时候，父母需要帮助孩子重建自信。自信必须靠实际能力来支撑。值得庆幸的是，本文中的这个小姑娘擅长弹吉他。然而，弹吉他只是她除了学习之外的另一项任务，她从来都没有享受过弹吉他的乐趣，也从未获得过成就感。

我告诉这个女孩的妈妈："你先别管孩子的学习成绩了，因为孩子的学习成绩不可能在短时间内提高。你可以利用孩子的特长帮助孩子建立自信。具体的做法是，每当孩子练熟了一首吉他曲，你就给孩子表演的机会，可以让孩子在家人面前演奏，也可以有意识地给孩子组织一些小型的聚会。总之一句话，多给孩子展示自我的机会，多给孩子认可和鼓励。"

此时特长的价值就体现出来了。那些学习成绩差、人际关系差、没有任何特长的孩子，又拿什么重建自信呢？这真是一个难题。

本文中的这个小姑娘，还有一个值得庆幸的地方——她还在抗争，和老师斗，和同学斗，和父母斗，这表明她的胆子还没有被完全吓破，重建自信所需要的时间就会少一些。

孩子心理秩序的重建之路注定是漫长的、曲折的。如果父母的心里有孩子，爱孩子，用对了方法，孩子就能回归正轨。

第四节

先确保孩子今后能安稳地活着

以下是一位妈妈的困惑：

> 徐老师，我女儿从小学钢琴，结果她学了七八年，连一首曲子都弹不好。我女儿从小学舞蹈，也学了七八年，连一支舞蹈都跳不好。我女儿学习成绩倒数，天天上一对一的辅导课，天天晚上学到十二点，可她就是学不好！她今年肯定考不上普高，最终只能上职高。
>
> 从她的身上，我看不到一丝希望！徐老师，你说我该怎么办，我想死的心都有了。

我想对这个母亲说："你的麻烦才刚刚开始。即使孩子上了职高，也不是你的解脱之日。"

事实是，即使孩子上了职高，她也可能学不好。更何况这个妈妈根本看不上职高。如果孩子没有在职高学会一技之长，那么她今后的漫漫人生路该怎么走呢？以后这个妈妈会不会更糟心呢？这个孩子学了七八年的钢琴和舞蹈，结果是她连一首曲子都弹不了，连一支舞蹈都跳不好。难道是因为这个孩子的智商有问题吗？当然不是因为这个孩子的智商有问题。那么问题到底出在哪里呢？

如果你想得到一样好东西，抛开运气的成分不谈，意志力必须得足够强，智慧必须得足够多，仅凭一厢情愿是肯定不行的。这个妈妈一厢情愿的行为，再加上错误的教育方式，就把孩子养成了现在的这个样子。

这个妈妈问我该怎么办。其实我认为，这个妈妈真正想问的是如何让自己的孩子尽快变得优秀，尽快看到希望。我得实话告诉这个妈妈，我没有这样的本事。我只想对这个妈妈说："你现在能做的就是尽力确保孩子今后能安稳地活着。"

首先，别在孩子的身上浪费太多的金钱。只有金钱的投入，是自欺欺人的教育。停了孩子的钢琴课和舞蹈课，停止一对一的辅导课。如果妈妈继续让孩子上这些课，不仅对孩子没有任何用处，还会加深对孩子的伤害。金钱对于孩子的教育，就好比化肥对于幼苗，并不是越多越好。

在关于孩子的教育上，有的父母从来不会省钱，甚至以"多花钱"为傲。不管是让孩子学钢琴，还是让孩子学舞蹈，只要父母觉得这是对孩子好的，就会让孩子学。有的父母还担心自己为孩子付出得不够多。当父母给孩子付出的金钱远远多于付出的爱时，父母对孩子的教育就已经走上了歧途。

其次，这个妈妈应该尽快降低自己对孩子的期望值，接受孩子的不完美，不再奢望孩子变得优秀，也不再奢望孩子能出人头地。这个妈妈现在唯一要做的是，让孩子掌握一技之长，以便孩子将来养活自己。

最后，这个妈妈需要将关注的重点放在自己的身上，把自己的工作干好，将自己的日子过好，与其"鸡娃"，不如"鸡自己"，做孩子人生道路上的好榜样。看着这么努力上进的妈妈，孩子也不会太懒散。

第五节
为什么有的孩子无欲无求

以下是一位妈妈的困扰：

> 我之所以越来越郁闷，主要是因为孩子的学习成绩不理想。我认为，已经上初二的儿子没有丝毫的上进心，学习成绩不理想好像跟他没关系一样。无论他考多少分，他都是一副无所谓的样子。如果我训他，他就听着。被训过之后，他该怎么样，还是怎么样，弄得我是干着急，没有任何办法。
>
> 孩子的班主任也跟我反映：孩子在上课时，想听就听，不想听就不听；想做作业就做，不想做作业就不做。给孩子谈心、讲道理，没有任何用处。
>
> 孩子不仅在学习上表现出一种无所谓的态度，在生活上也表现出一种无欲无求的态度，似乎没有什么事能让他兴奋，也没有什么事能让他沮丧、难过。我想不明白一个14岁的男孩怎么会这样。

这种无欲无求的状态出现在一个14岁的男孩身上，确实早了点。14岁应该是个体非常具有活力的年龄啊！童真尚未褪去，男性的特征与心事正在疯长，各种激素的分泌活跃而不稳定，脑袋中的矛盾冲突与新奇想法更是层出不穷，所有这些都会促使一个男孩变得"不安分"。为什么这个14岁的男孩会如此"佛系"呢？

让我们从一个动物实验说起吧。心理学家们抓了一只跳蚤，把它关在了一个透明的玻璃杯里，它可以很轻松地跳出来。为了防止跳蚤凭借自己出色的弹跳力从杯口逃跑，心理学家们又在玻璃杯上面盖了一个透明的玻璃片。

但跳蚤毕竟是跳蚤，它怎么会安静地待在一个玻璃杯里呢？于是它就像往常一样跳，在各个方向随机跳。你肯定想到了结果，无论跳蚤怎么跳，它都无法跳出玻璃杯。屡次失败之后，这只跳蚤跳得越来越低，最终不再跳了。也许它是因为跳累了，也许是因为它的脑袋被撞得不那么灵光了，它安静地待在杯子底上。

心理学家们饶有趣味地趴在桌子上看着这只安静的跳蚤，露出了胜利者的笑容。但心理学家们还是不满足，他们想看看这个玻璃片被撤走后，跳蚤会有什么样的反应。于是，他们就真的把玻璃片撤走了，他们并不担心跳蚤逃走，因为跳蚤多的是。可跳蚤并没有逃走，依然安静地在杯子底上徘徊，很淡然的样子。心理学家们不甘心，就把跳蚤倒在了桌子上，可跳蚤依然不跳着逃走，依然爬来爬去，就好像丧失了弹跳的能力。心理学家们把这种现象称之为习得性无助。"跳蚤实验"证明了习得性无助理论：如果人们通过多次努力仍然不能实现目标，就会逐渐放弃努力，感到绝望，自暴自弃，无欲无求。

习得性无助理论可以很好地解释孩子这种无欲无求的状态。

人是社会性的，任何人都不能脱离群体而存在。根据马斯洛的需求层次理论，人除了生理和安全的需要以外，还有归属和爱的需要、尊重的需要、自我实现的需要。在当今社会，生理和安全的需要很容易被满足。但归属和爱的需要、尊重的需要、自我实现的需要不容易被满足。孩子也想获得成就感，获得他人的认可和尊重。孩子不想被别人瞧不起，也想挺直腰杆做人。

那么孩子该怎么获得他人的认可和尊重呢？孩子要在和他人的比较中获胜。如果孩子获胜了，成绩名列前茅，其他同学就会认可并尊重他。

按道理说，人与人之间的比较应该是多维度的，可以比较谁的学习成绩好，可以比较谁的体育成绩好，也可以比较谁画画、唱歌、弹琴的水平高，等等。然而现实是大多数人只比较孩子们的学习成绩。只有一个第一名，不是所有的孩子都擅长学习。

对于那些学习成绩不理想的孩子来说，基本上就等于天天在打败仗，就像那只跳蚤一样，每跳一下就会被撞一下脑袋。父母都希望孩子越挫越勇，知耻而后勇。但现实不会如父母所愿，因为越挫越勇的孩子极少，绝大多数孩子是越挫越怂，就像那只变得安静的跳蚤。

孩子需要靠价值感来支撑，也需要靠那种"只要努力就能获得成功"的信念来支撑。该怎样让孩子获得价值感呢？又该怎样培养孩子那种"只要努力就能获得成功"的信念呢？这些都是父母需要思考的问题。

一只跳蚤，面对一个无法战胜的玻璃杯，明智地选择了安静。

一个孩子，面对一个无法战胜的世界，选择"无所谓"，选择"无欲无求"，变得"佛系"，这是不是明智的做法呢？

第六节

"躺平"，是孩子自己的选择，还是被逼无奈

以下是一位妈妈的困惑：

我女儿已经上初中了，毫无斗智，毫无上进心，学习成绩始终保持在班级后十名，相当稳定。不管我怎么催促她，怎么给她讲道理，她都是一副无所谓的表情。真是任你东西南北风，她自岿然不动。用现在流行的说法就是她选择彻底"躺平"了。我真的快被她愁死了，快被她气死了。

我问这个妈妈："你是不是从孩子小的时候起就不停地催孩子，逼孩子，并且什么方法都用了？"

这个妈妈说："是啊。我的这个孩子从小就磨蹭。你让她玩儿行，如果你让她写作业、背单词、背课文，你都不知道她有多磨蹭，有多不情愿。如果我不催促她、不逼迫她，她怎么可能完成作业呢！"

我说："如果我告诉你，你的孩子之所以选择躺平，都是因为你逼的，她正在用躺平的方式和你对抗。你能接受我的说法吗？"

这个妈妈听了以后一脸的疑惑。如果不是出于克制与礼貌，她一定会对我破口大骂。

我们每个人都希望自己拥有自由，不希望被剥夺自由。不自由，毋宁死。那么，什么是自由呢？简单地说，自由就是个体不被他人不停地提醒、催促、逼迫，做任何一件事都是自己主动选择的。

举个简单的例子，如果有一个人出于待客之道，不停地给你夹菜，不停地跟你说"来，吃点山珍；来，吃点海味；来，别客气，多吃点；来，来，来"，你会有什么感觉呢？你大概没有想吃的胃口了。

有的父母在教育孩子的过程中忽略了一个极为重要的问题，他们的眼里只有孩子的作业、学习成绩，忘记了孩子是一个正常的人，忘记了孩子追求自由、渴望拥有自由的本性，不停地催促和逼迫孩子，慢慢地把孩子的自由剥夺了。

曾经有一个二十岁的小伙子来找我做心理咨询，身高一米九多，体重一百多千克，刚从美国的大学退学回来。来找我做心理咨询并不是他的本意，而是他妈妈让他来的。他妈妈希望我劝劝他，或者开导一下他，好让他继续上学。我已经记不清具体的咨询过程了，但小伙子说的一句话让我终生难忘。他对我说："徐老师，你知道吗？从美国的大学退学，这是我自己做的第一个决定。"估计你也听出来了这句话的言外之意——他做了二十年的傀儡，他已经受够了，退学是他自己做的第一个决定。

有一所与众不同的学校，叫作"先锋安格学习社区"。这所学校没有大门，没有围墙，没有教室，学生可以在任何地方上课。这所学校没有课程、没有考试，学生自己管理自己。

当然这所学校里有很多准备"躺平"的学生。如果这些准备"躺平"的学生在别的学校，老师和家长一定会感到非常紧张。但这个学校的最大特点就是"允许"。你不想来上课，学校允许。你想看闲书，学校允许。你想玩网络游戏，学校不仅允许，还专门成立了一个电竞学院，雇老师来指导你玩网络游戏。

有人问这所学校的校长："万一这些学生想一直'躺平'，怎么办？"

校长说："学生们可以一直躺着。但我并不觉得一直躺着是一种舒服的姿势。很多学生之所以选择'躺平'，只是因为想得到这个允许。一旦他们知道了自己可以这样，也可以那样，就开始为自己的人生负责，寻找一条属于自己的路。允许并鼓励学生们去找自己的路，这正是我们这所学校一直在做的事。"

孩子"躺平"的背后，也许是孩子想要被理解的信号，是孩子渴望被允许的呼声，也是孩子寻找生活多样性的渴望。父母要尝试着给孩子一点信任和自由，教育孩子的效果也许会更好一些。

第七节
这个孩子的欲望之火要熄灭了吗

以下是一位妈妈的困扰：

> 面对孩子，现在的我感到很愧疚。因为现在的我通过学习发现，自己的很多做法是错的，对孩子造成了伤害。以前，对于孩子提出的要求，我要么会直接拒绝，要么会故意地拖一下，生怕让孩子养成"得来全不费工夫"的坏毛病。
>
> 可现在的我发现，16岁的儿子对自己想要的东西不会去坚持，不会去争取，稍一受挫就"佛系躺平"了，一副与世无争的样子。我觉得孩子的这种状态不好，可我又不知道该怎么做才能帮助孩子。

一、欲望是一个好东西

人的欲望，生来就有，并且必须有。如果一个人没有欲望，就活不下去了。欲望是推动有机体活动的动力和源泉。从本质上来讲，欲望反映的是身体（精神）的一种"缺"的状态，而这种"缺"会使人相当地难受。于是，这种难受劲儿就会促使人们去做点什么，以便填补这种"缺"，等"缺口"补上了，身体（精神）就舒坦了。这种舒坦劲儿，反过来还会增强那种"缺"的难受劲儿。

如果你还不理解，我就给你举一个简单的例子。饿，是身体缺能量的一种主观感受。饿的感觉相当难受，减过肥的人应该都体验过。这种难受劲儿就会让人们有所行动，吃点零食，做点饭，点个外卖，等等。等食物将胃填饱以后，人们往沙发上一躺，就感受到了那种舒坦劲儿。你越饿，吃饱了之后的舒坦劲儿就越强烈。好了，半天过去了，或者一觉睡醒后，你又饿了，这时候的你是不是吃的欲望更强烈了呢？

一般情况下，"缺"是欲壑难填的，是需要被控制的。"吃"需要被控制，玩游戏、刷视频需要被控制，亲子之间的很多冲突也往往发生在这种对欲望的控制与反控制上。父母要教给孩子满足欲望的正确方式。饿了就想吃饭，渴了就想喝水。欲望都是建立在"缺"的基础上的。

这个孩子的问题之所以严重，是因为他的"缺"不是很强烈。别人的欲望之火熊熊燃烧，需要被控制，以防烧得太旺。而这个孩子的欲望之火就只剩下一点若隐若现的小火苗了，像古时候的油灯，已经到了油尽灯枯的边缘。这个孩子就像一辆没有油的车，外观看着还挺好，其实已经跑不动了。

二、为什么孩子的欲望之火越来越小了

如果一个人在满足欲望的过程中总是受挫，或者总是受到惩罚，那么他就会压抑自己的欲望，由一种努力争取的状态转变为安静的退缩状态。这种孩子就像乌龟，在遇到危险时就会将头缩进壳里。

你还记得我在前文中提到的那只跳蚤吗？那只跳蚤之所以安静地待在杯子底儿上，是因为它在努力跳出玻璃杯（满足欲望）的过程中总是失败。那个孩子之所以变得越来越"佛系"，也是因为他在满足自己欲望的过程中总是受挫。

假设你爱上了一个帅哥（美女）——这就代表你缺爱了。在你和对方

第一次约会的时候，对方却伤害了你，既骗了你的财，又骗了你的色。你的欲望没有被满足。请问，当你再次约会时，你会有怎样的心理感受呢？你可能会瑟瑟发抖、胆小如鼠，不大可能有期待、兴奋等美好的感受。最终你还是硬着头皮去约会了，可倒霉的你又受到了伤害。请问，这辈子你还敢和他人约会吗？也许从此以后你就看破红尘了。

三、孩子的欲望之火能被重新点燃了吗

既然我们不能眼睁睁地看着孩子的欲望之火熄灭，就要思考一下应对之道。欲望能被压抑，也能被培养。

如果你曾经点过篝火，就应该知道，在面对小火苗的时候，是不能多添柴火的，也不能使劲扇风，因为火苗太弱小了，稍有不当就会彻底熄灭。这时候你需要先找一些柔软、易燃的引火之物，比如稻草、树叶等，先让小火苗变成大火苗。

当孩子某一方面的欲望不强的时候，家长往往会"硬给强塞"，会对孩子说："孩子，你吃点这个吧。""孩子，妈妈又给你报了两个培训班。"有的家长会对孩子采用暴力的方式。我见过的一个妈妈，在面对自己惧怕上学的女儿时，用打骂的方式将她的女儿往学校里面推，她的女儿就只能哭嚎着打滚了。打骂的方式不仅不能解决问题，还可能会让孩子的欲望之火彻底消灭。

再举一个具体的例子。有一个初一的女孩，学习成绩倒数第一，不想上学了，因为她觉得老师和同学们都在针对她，他们对她一点都不友好。她还经常说老师和同学们的坏话，甚至还想打他们一顿。她的父母和她一起来找我咨询。

我和这个孩子在咨询室里聊了半天，发现她其实很想融入班集体，很想获得老师和同学们的认可，但她用错了方法。她对老师和同学们的敌意

极大地影响了她在上课时的注意力，导致她的学习成绩非常不理想。这种敌意也让她的人际关系非常紧张，连一个好朋友都没有。

这个孩子之所以对老师和同学们怀有敌意，是因为她的心理太脆弱，没有一点自信心。自信心的背后是真正的、可以得到他人认可的真本事，而她没有这种真本事。

如果这个孩子按照原来的路走下去，离开学校是迟早的事。好在这个孩子还有欲望。如果这个孩子不及时调整满足欲望的方式或方法，欲望的火苗早晚会熄灭。所以这个孩子的当务之急是锻炼一种能力，从而获得价值感、成就感，继而树立自信心。

这个孩子在父母的逼迫下学了几样特长。父母看她的学习成绩不理想，就打算让她走艺术路线。经过商量，我们最终选择吉他作为突破口，因为她喜欢弹吉他。

她之前的练琴方式是每周去培训机构一次，在老师的指导下练一个小时。回到家后，如果她能想起来老师讲的内容就弹几下，想不起来老师讲的内容就不弹。练琴对于她来说就是一项任务，没有让她获得成就感。

我问她："你在他人面前演奏过吉他吗？"

她摇头。

我又问："那你想演奏吗？你想弹给他人听吗？"

她看着我，说："想。"

我对她的妈妈说："你可以让孩子每天给你们弹奏几首曲子吗？在朋友聚会的时候，你可以让孩子弹吉他助兴吗？"

她妈妈说："当然可以。"

我问她："你愿意吗？"

她说："我弹不好怎么办？"

我笑了笑，说："我知道你能弹好。"

她点了点头。

我之所以这样安排，是因为我想让她获得成就感，体验那种美好的感觉。只要她体验过了，她就一定还想再体会。这样，她的动力就有了，欲望的火苗就逐渐变大了。

在这个孩子临走的时候，我对这个孩子说："我希望你下次来找我咨询时带着吉他，给我弹一首曲子。"

这个孩子爽快地答应了。

第八节
孩子需要一个拼命学习的理由

以下是一位妈妈的困扰：

我的孩子考上了重点初中，现在上初一，每天晚上 12 点左右才能写完作业。每个周末的时间都被安排得满满的。

有一天，孩子问我："妈妈，我每天都拼命学习，一直很辛苦，到底是为了什么呢？"

面对孩子的问题，我对孩子说："你要是嫌太累了，就转到普通学校吧。"

没想到孩子坚决反对，对我说："妈妈，我不转学。我要是转学了，得多丢人啊！那不就说明我比别人的能力差吗？"

我问孩子："这怎么办呢？"

进入重点学校的这帮孩子，学习的强度真的很大。但从以往的经验来看，绝大多数的孩子都能挺过来。

孩子之所以问这么深奥的问题，可能只是因为他想发发牢骚，喘口气，想给自己找一个坚持下去的理由，并不是真的想知道这个问题的答案。

当你为了一件事辛苦付出的时候，当你感到苦了、累了的时候，当你痛苦挣扎的时候，你是否会问自己："我这么做到底是为了什么？如果我继续坚持下去，这又有什么意义呢？我何必自讨苦吃呢？"人无论做什么都需要一个理由。吃饭是因为饿，工作是因为需要挣钱吃饭，努力工作是因为想让家人吃上更好的饭。

这个理由的对错不重要。这个理由是"事前诸葛亮"还是"事后诸葛亮"也不重要。父母为孩子付出了全部，理由可以是父母爱孩子。父母唠叨、打骂孩子，理由也可以是父母爱孩子。理由是死的，人是活的。只要有一个理由让我们觉得自己做这件事不傻、不荒谬就行。

越是辛苦的事儿，就越需要一个强有力的理由来支撑。孩子拼命学习，没有一个理由怎么行呢？！怕丢人，想证明自己的能力，想获得别人的认可，这些都是拼命学习的理由。父母督促，别人都在学，这些也是拼命学习的理由。有的孩子就是靠这些理由拼命学习的。有的孩子学习成绩不如人意，还要起早贪黑地学习，真的非常辛苦。

学下去，需要理由。学得好，不仅需要理由，还需要更好的理由。你很难通过强迫的方式把一个理由硬塞到别人的脑袋里。这就是父母苦口婆心地给孩子讲了一通道理之后孩子依然我行我素的原因。

当孩子再问"我为什么拼命学习？"的时候，无论父母是否知道答案，都可以反问孩子："孩子，你觉得自己拼命学习的理由是什么呢？如果你觉得拼命学习没有意义，那你就不用这么努力了。"父母要学会把问题抛给孩子，让孩子自己找出拼命学习的理由。

第九节
一个"学渣"，靠什么才能活下去

一个妈妈来找我咨询，她是这样介绍自己女儿的：毕业于某知名私立小学，目前上某私立初中，学习成绩非常差，又因为失恋、喝酒、顶撞老师被停课在家。

这个妈妈说："我女儿从小学四年级开始学习成绩就变差了，从五年级开始注重穿着打扮。每次领她出去的时候，她都要描眉画眼。我从小家境贫寒，在很小的时候就知道努力上进。我女儿现在的条件这么好，她怎么就不知道好好学习呢？"

我就问这个妈妈："你认为人活一世，什么是最重要的？"

这个妈妈愣了半天，摇了摇头，表示不知道。

我说："是自信。"

为什么我会这么说呢？我认为，人的所作所为基本围绕着两个目的。第一个目的是让别人觉得自己很厉害。有的人买房子、买车子、买名牌衣服等，是为了让别人高看一眼。有谁愿意被别人瞧不起呢？被别人瞧不起的滋味是非常令人难受的。第二个目的是让自己觉得自己很厉害，比如我学习挺好的，我长得挺好看的，我挣钱挺多的，我挺牛的，我真是一个好人，等等。

你之所以想让别人觉得你很厉害，那是因为在群体生活当中必然存在比较，比如在一个班级里面，有高的学生，就有矮的学生；有胖的学生，就有瘦的学生；有学习好的学生，就有学习差的学生；有跑得快的学生，就有跑不快的学生；等等。

那你认为，一个正常的孩子是想在比较中赢呢，还是输呢？肯定都想赢。能在比较中赢，就代表自己比他人强，能够得到他人的关注与认可，满足自己根深蒂固的心理需求，也就是我们经常说的"刷存在感"。如果一个人的存在感没有被满足，他就会很难受，就像饿了没饭吃一样难受。

如果你觉得自己很厉害，就代表你有很强的自信，自我认同感强。当你被别人鄙视时，你还有办法应对，不用像鸵鸟那样把头埋在沙子里。如果你觉得自己很差劲，没有自信，就只能想办法藏起来。

再来看看这个小姑娘，学习成绩很差，也没有拿得出手的特长，因为她将自己的时间都用在了学习上，根本没有时间去唱歌、跳舞、弹琴、画画。作为一个学生，这个姑娘拿什么和她的同学比呢？又靠什么让她的同学、老师觉得她很厉害呢？又靠什么让她觉得自己很厉害呢？无论和别人比什么，她都觉得自己很差劲。她该怎么办呢？她除了穿奇装异服、描眉画眼、谈恋爱以外，还能找到其他的"刷存在感"的方式吗？

一个人活着，需要靠自信来支撑。而自信这根大柱子，又需要真能力、真本事来支撑。这个孩子也不例外。

第十节
孩子喜欢看娱乐节目

以下是一位妈妈的困扰：

> 徐老师，我们家孩子十二岁了。我们给他定的规矩是周一到周五不能看电视、玩手机，他可以在周末完成作业后看电视、玩手机。现在的问题是，孩子喜欢看《跑男》之类的娱乐节目。我给孩子推荐了很多娱乐性强又有益的电视节目，比如《故事里的中国》《探索与发现》等。但孩子认为我给他推荐的电视节目不好玩，他不喜欢。
>
> 说实话，我和他爸从来都不看《跑男》之类的娱乐节目，但孩子觉得《跑男》之类的娱乐节目简单好玩，不费脑子……
>
> 我该怎么办呢？请徐老师支支招。

我给这个妈妈支的招就是让孩子继续看。先说一个简单的理由，就是这个妈妈给孩子看有教育意义的《探索与发现》，孩子不喜欢看，这个妈妈又不会彻底禁止孩子看电视或看手机。

这个妈妈不仅要让孩子继续看电视，还不能在孩子看电视的时候批评他、鄙视他。如果这个妈妈不能转变自己的态度，总是忍不住刺激孩子，那结果很可能会出乎预料。为什么会这样呢？因为如果这个妈妈总是否定自己的孩子，那么这个孩子的正常反应是什么呢？总想证明自己是对的。

你是否知道相声演员于谦老师呢？好多人不理解他为什么烫头、抽烟、喝酒、养鸟、养马。似乎以他这个年龄、这个身份，不该干什么，他就偏干什么。在一个访谈节目里，他是这样回答这个问题的，他说自己在年轻的时候就喜欢养鸟，提一个鸟笼子上街，领导、长辈见了他就教育他，说他这么年轻就提一个鸟笼子遛鸟，这是玩物丧志，这是纨绔子弟才干的事。于谦说："当时我就不乐意了。谁说年轻人就不能养鸟啊？我怎么就玩物丧志了呢？我该干的事，哪件事没干呢？"同理，孩子写完作业了，也完成了该完成的任务，看会儿《跑男》，休息一会儿，乐呵乐呵，怎么就不行呢？

好，再说一个理由或者事实：孩子在这个年龄阶段喜欢看娱乐节目才是正常的。不用说孩子，就连好多成年人都喜欢看这种娱乐节目。

人性的特点就是这样的——什么事情让人们感觉舒服、好玩儿，人们就愿意做什么事情。一些娱乐节目之所以爆火，是因为它们顺应了人性，给了人们想要的东西。一个十二岁的孩子喜欢看娱乐节目，喜欢聊明星的八卦，喜欢玩游戏，这是再正常不过的事情，有什么值得大惊小怪的。

孩子之所以喜欢看这类节目，很可能是因为社交的关系。如果其他同学都在看、都在聊这类节目，而孩子什么都不知道，他就插不上嘴，就等于被孤立了，没有朋友。你或许知道没朋友的滋味有多难受。

面对人性，面对自己不想看到的现实，父母能做点什么呢？只能以身作则，慢慢引导。即使是以身作则的引导，父母也要做好充分的思想准备。能够影响孩子成长的因素有很多，父母的所作所为只是其中的一个变量。

即使你是龙，你也不能要求你的孩子必须成为龙。每个人的天赋、条件是不一样的，机遇也是不一样的。这就好比你喜欢歌剧、喜欢交响乐，你只能确保自己喜欢，只能潜移默化地影响孩子。如果孩子就喜欢二人转，父母要欣然接受，毕竟孩子有自己的兴趣爱好，并能享受其中。

其实，孩子喜欢看什么类型的节目，既是由孩子的年龄特点决定的，也是由孩子的个性决定的。如果一个孩子愿意学习，能在学习的过程中体验到成就感、价值感，就能一步一步地考上高中，考上大学。

父母没必要着急，也不能着急，要和孩子保持良好的亲子关系，帮助孩子在学习上取得进步，帮助孩子树立自信，教会孩子做人的基本道理。

第三章

青春期的孩子与父母的纠缠

第一节
妈妈被孩子气得自杀了

一个朋友给我留言：

> 我的一个闺密经常对我说："你女儿学习成绩那么好，又听话，你体会不到孩子学习成绩差又不听话的那种滋味。我想死的心都有了！"有一次她真的把80多片安眠药都吃了，幸好及时洗胃，被救回来了！

如果这个母亲没有被及时抢救，没有被救回来，周围的人会怎么说呢？

大部分人可能会指着那个"孽子"教育自己的孩子："他妈妈被他活活气死了。你也想气死我吗？"

事实似乎明摆在那里，孩子的学习成绩不好又不听话，还天天惹妈妈生气。如果他是一个好孩子，他妈妈怎么可能去死呢？如果换一个角度去看，你就会发现这个逻辑推理不成立。在这个世界上，学习成绩不好又不听话的孩子有很多，他们的妈妈怎么没吃安眠药呢？一个成年人，就因为孩子的学习成绩不好又不听话，一气之下就想一死了之，这是一个成熟的成年人应该干的事吗？

人生不如意事十之八九。人总会遇到沟沟坎坎。如果你遇到了难题，你会怎么办呢？

举个例子，有人问："作为一个留学生，我该怎样照料自己的生活，解决做饭的难题呢？"有人回答："你很容易解决做饭的问题。你要么提高自己的厨艺，要么降低自己的品味，这两种办法都能维持你的幸福感。"

解决生活中的困难也是如此，你要么努力提高自己的能力，要么降低自己对生活的预期。最怕的就是那种能力弱又不想努力提升自己能力的父母，偏偏希望自己的孩子德智体美劳全面发展，有朝一日金榜题名。

孩子学习成绩好，又听话，主要跟以下两个因素有关。一个因素是父母运气好，天生的好孩子。另一个因素是父母努力做孩子的榜样，懂得引导孩子，并能和孩子保持良好的亲子关系。如此一来，就有了以下四种排列组合：

运气好，父母自己也努力；

运气好，父母自己不努力；

运气不好，父母自己努力；

运气不好，父母自己也不努力。

运气好，天生的好孩子，父母努力不努力，结果差别不是很大。运气不好，孩子天生不足，父母努力不努力，结果差别就大了。

但我今天想说的是父母的"瞎努力"。所谓"瞎努力"，就是父母实际上并不具备教育孩子的能力，也没有去提升自己的能力，仅凭着自己是孩子的父母，就胡乱干涉孩子的成长，比如逼着孩子学习，给孩子报各种培训班，不会和孩子沟通，只会唠叨、批评、打骂孩子，等等。

大部分孩子是好孩子，即使不能成龙成凤，做一个自立的普通人也是没有问题的。有的孩子被父母的"瞎努力"害了。一个讨厌学习的孩子，一个没和父母建立良好关系的孩子，也很难和其他人建立积极有效的关系，他的人生还有什么指望呢？

第二节
和孩子的学习成绩相比，父母的命更重要

朋友是一个性情温和的女人，我就没见她跟谁生过气、发过火。有一次我和她说起了有关孩子教育的话题，她对我说："我也跟我闺女发过火。可过后我发现，我这样发火根本没有作用，我闺女该干啥还是干啥。我就想，既然我发火没用，那我还发啥火呢。在我看到我老公冲闺女发火时那张面目狰狞的脸之后，我就更清醒了。我就跟闺女说，和她的学习成绩相比，我的命更重要，咱娘俩还是和平共处，一起多活几年吧。"

听到她这样说，我当时就笑了，因为我觉得她不跟孩子发火的理由特别新奇。我说："我一定要给你写一篇文章，就用你的观点作为文章题目。"

有的父母把孩子的学习成绩看得比自己的命还重要，就比如那个被孩子气得自杀的妈妈。哪种类型的父母更有利于孩子的成长呢？是那些觉得自己的命比孩子的学习成绩更重要的父母呢，还是那些不管自己死活只关注孩子学习成绩的父母呢？有的父母不会直接回答这个问题，会接着反问我："难道看着孩子糟糕的学习成绩，看着孩子写作业磨磨蹭蹭，看着孩子不该错的题又错了，看着孩子玩游戏时专心的样子，看着没完成作业的名单，看着别人家的孩子这好、那也好，我们就应该无动于衷，任由孩子发展吗？"

按理说，父母不应该看着孩子滑向深渊，可问题是，发火有用吗？发

火是能阻止孩子滑向深渊呢，还是能把孩子推进深渊呢？

有些父母在心平气和的时候会承认发火没用。但接下来有的父母一般会这样说："看着孩子那副不求上进的样子，我的怒火就上来了，我控制不住自己啊！"

有的父母对孩子说："我都对你发火了，我都苦口婆心地给你讲道理了，我都打骂你了，你怎么还不长记性呢？你怎么就不知道悔改呢？你怎么还是我行我素呢？你这不是成心想气死我吗？"接下来，有些父母的火就更大了。为什么有的父母总是控制不住自己的怒火呢？

心理学上有一个"挫折－攻击"理论，人们用该理论来解释攻击行为发生的原因。所谓"挫折"，是指人们在有目的的活动中，遇到阻碍自己达成目的的障碍。简单地说，你想干什么，但由于各种原因没干成，这时候的你所体验到的就是挫折。该理论认为，挫折越大，攻击的强度也越大。你越想要什么，越得不到什么，火就越大。唠叨、指责、打骂等都属于攻击行为的范畴。

父母都希望孩子能取得好成绩，苦练特长，勤奋努力，听话懂事，有知错就改、力争上游的决心……可有的孩子就是做不到啊！对此，有的父母这样对孩子说："只要你做不到，我就会发脾气，就会训斥你。"有的父母明知道自己对孩子发火没用，可依然忍不住对孩子发火。

"挫折－攻击"理论有力地解释了人们为什么会有攻击行为。如果父母想要减少自己对孩子的攻击行为，就必须寻找挫折的源头——贪心。如果父母不再贪心了，就能解决发火的问题了。

为什么我的这个朋友能控制住自己的怒火呢？因为她不再奢望孩子的好成绩了。

有的父母可能会反问："难道我们想要孩子好，也是不该有的贪心吗？"

想要孩子好，这不是贪心，这是人之常情。

要孩子凭空具备某些能力或本事，比如学习好、勤奋努力、听话懂事等，就是不该有的贪心。

如果父母想让孩子具备某些能力或本事，就需要教孩子。如果你教不会孩子，只能说明你能力欠缺。父母因为孩子表现不好而发火的背后，掩盖的可能是自己的无能。有的父母会说："我怎么养了这么一个孩子啊！我怎么连一个孩子都教不会啊！"

我的这个朋友之所以能放下，恰恰是因为她接受了自己的无能。

第三节
凭什么让青春期的孩子变好

一、为什么孩子的房间那么乱

都说女人爱干净。事实好像也确实如此。我认识的几个女性朋友，都把家收拾得很干净。可是这些爱干净的妈妈背后，大多有一个不爱干净的孩子。这些孩子的个人卫生习惯还凑合，好歹还知道刷刷牙、洗洗脸，至于刷得干净不干净、洗得干净不干净，不能深究。最让人难以忍受的是这些孩子的学习桌和卧室，都不是一个"乱"字可以形容的。该怎么来形容这种乱呢？

其中一个妈妈是这样说的："第一，在家没事绝对不进孩子的卧室，因为孩子的卧室不仅乱，还有一股怪味；第二，随时关门，眼不见为净；第三，如果非要进孩子的卧室，就需要屏息凝神，找到落脚点，避免踩了不该踩的东西，被孩子赖上。"

有的妈妈说："我们都挺要干净的啊！我们从小就培养孩子的卫生习惯啊！孩子怎么就长成现在这样了呢？孩子都这么大了，怎么就不知道讲点卫生呢？"

妈妈们该唠叨的也唠叨过了，该批评的也批评过了，该讲的道理也讲过了，可孩子们就是不改，真是急人加气人啊！

二、"妈，你知道原来的你有多烦人吗？"

一位妈妈给我留言：

> 我女儿最近有了一点变化。
>
> 以前，我女儿写完作业之后会躺在床上看书或者玩手机，在大多数情况下她都是看着看着就睡了，不脱衣服，不盖被子，不关灯。每当看到这种情况，我都会强压住怒火，喊醒我女儿："快起来，脱了衣服再睡，我都给你说过多少次了！"一开始，我女儿还听我的话，后来她就不吃我这一套了，看到我喊醒她，她就会对我大喊："出去，关门！"
>
> 最近，我想通了，女儿穿着衣服睡觉，没有什么大不了的。想通了以后，我就不再吆喝女儿了，而是慈祥（一开始的时候我是装慈祥，强压住自己的怒火）地走近女儿，嘴里一边念叨着"来，盖上被子睡"，一边真的给女儿盖上被子，然后关灯、关门。
>
> 就这样过了半个多月吧，有一天早晨我突然发现我女儿竟然叠被子了，还将学习桌收拾了。女儿的变化让我感到很意外、很欣慰。再往后，虽然女儿不是天天整理自己的卧室，但是她隔三岔五地就会收拾一下自己的卧室，她的卧室基本上保持着整洁的状态。我和女儿的亲子关系似乎也好了一些。
>
> 有一天我问女儿："你最近怎么开始收拾自己的房间啦？"
>
> 女儿嘿嘿一笑，说："妈，你知道原来的你有多烦人吗？你就知道天天唠叨。我刚进入梦乡，你就非要把我叫醒，让我脱了衣服再睡觉。你还让不让人活了？现在的你是真的为我好。被你关心的感觉还是挺好的。你需要继续努力啊！"

三、孩子怎么就体会不到父母的爱呢

乔纳森·海特在其《象与骑象人》一书中提到了一个形象的比喻：人的情感就像一头大象，而理智就像一个骑象人。骑象人骑在大象背上，手里握着缰绳，好像是他在指挥大象，但事实上，他的力量微不足道。如果他和大象发生冲突，他想往左，而大象想往右，那他通常是拗不过大象的。

在本文中，孩子就好像是一头大象。这头大象的典型特征就是凭感觉，就是情绪化。大象听到指责、唠叨等之类的言语，被激起的一定是反感，甚至是愤怒，由此导致的必然结果是对抗、不合作。要让大象从这类言语中悟出家长的关爱，这是不太可能的，大象也不会按照家长所期待的样子做出改变。

要怎么对付大象呢？要怎么不让大象成为改变的阻力，而让大象成为改变的动力呢？得让大象体验到愉悦。这说起来简单，但做起来很难。因为按照大象的本性，吃喝玩乐能让它快乐，不收拾房间能让它快乐。要怎么让大象克服本性，做出改变呢？这就需要提到"爱"了。爱，才是一个人改变的动力。

四、必须让孩子觉得你是一个好人

你要让大象觉得你是一个好人，认可你，愿意和你在一起。如果大象一开始就把你归为坏人、敌人之类，那么你就很难有机会和大象亲近了。谁见了敌人能有好脸呢？谁又可能听敌人的"甜言蜜语"呢？

在有些孩子的心目中，自己的家长就是一个坏人、一个敌人，至少是一个不招人待见的人。在这种情况下，不管家长说什么，孩子都不会听。说一句令父母扎心的话：亲子之间的血缘关系和亲子之间的友好关系，没有必然的联系，甚至连"相关性"都没有。"我是你妈"或者"我是你爸"这样的话，只能哄自己，哄不了孩子。

作为父母的你，首先要静下心来想一想自己在孩子的心目中到底是一个好人还是一个坏人。如果你在孩子的心目中是一个好人，那你就继续好下去，争取好上加好。如果你在孩子的心目中是一个坏人，那你就先做回好人。怎么做一个好人呢？

五、理解、认可、鼓励孩子

如果你心中有爱，疼爱孩子，就能为孩子提供改变的动力。当然，一个好人的心中一定是有爱的。作为父母的你可能会说："我当然爱孩子啊！我这么辛苦是为了谁呢？还不都是为了孩子吗？我之所以唠叨孩子、批评孩子，都是因为我爱孩子啊！"

你一定体验过我说的这种"爱"。在热恋期的时候，你对自己的爱人是一种什么样的情感呢？在你初为人母时，你对襁褓中的孩子是一种什么样的情感呢？对比一下，现在的你对孩子的爱和以前的你对孩子的爱有区别吗？

看到孩子的房间乱七八糟，你心中充满的是爱吗？我觉得你心中充满的不是爱，而是恨铁不成钢的"恨"。你应该在爱孩子的基础上，用孩子认可的方式表达你的爱。如果你实在不会表达自己的爱，你可以选择不说，但不能乱说。我们先看看以下的故事。

叶圣陶做小学教员时，有一次走在校园里，无意间看到一个男孩举起一块大砖头，正想向另一个男孩砸过去，叶圣陶赶紧上前制止了他，并请举砖头的孩子到办公室去一下。

当叶圣陶来到办公室时发现该生已经站在那里等他了，叶圣陶温和地递给他一块糖，并说："你来的比我准时，这说明你很守时，奖励你的。"

之后叶圣陶又拿出第二块糖，说："你能听从我的训斥把砖头放下，这是你对我的尊重，为了这一点，我奖励你第二块糖果。"

学生半信半疑地拿了过去。

这时叶圣陶又拿出了第三块糖果，说："听其他学生说，你要打的那人欺侮女孩，所以你才动手教训他，从小就有正义感，这是奖励你的第三块糖。"

当叶圣陶拿出第四块糖时，该生已经泪流满面，有悔改之意。叶圣陶接着说："你已经知道武力不能解决问题，看到自己错了，因此我把最后一颗糖也给你，奖励你知错就改的好品质。"

为什么叶圣陶先生这样说，孩子就会听呢？因为孩子从叶先生那里体会到了理解、认可、鼓励与表扬。这就引出了另一个非常重要的条件，就是作为父母要有必要的规则。所谓"必要的规则"，就是能准确地指出孩子的错误，然后加以必要的惩罚，不能"量刑过重"，也不能"量刑过轻"。孩子不喜欢老好人似的父母。更准确地说，孩子不会从心底里认可、服从、尊重老好人似的父母。

在教育孩子的过程中，父母需要有点耐心。孩子肯定不是一天两天成长起来的。掌握一项新技能，养成一个好习惯，都需要时间。请父母耐心等待，静待花开。

第四节
监督与信任

以下是一位妈妈的困扰：

> 学校明确规定，孩子不准携带手机上学。孩子愿意遵守这个规定，并跟我承诺，绝对不带手机上学。我信任孩子，毕竟孩子已经上初三了。
>
> 这天上午9点多，我翻看自己的手机，意外地发现正在学校上课的孩子刚给他人点过赞。这说明孩子不仅携带了手机去学校，还没有好好上课。我既惊讶，又苦恼。我感受到了欺骗，就想教训一下这个不守承诺的孩子。可我又害怕自己过于严厉，导致孩子逆反，那就麻烦了。

我觉得妈妈可以这样对孩子说："孩子，从今天起，你把手机放在客厅的桌子上，好不好？"一个初三的孩子，应该能听懂这句话的含义。妈妈没有揭穿孩子，而是选择委婉地说，这样做保全了孩子的颜面。孩子应该能明白妈妈的良苦用心。听到妈妈这样说，孩子应该不会胡搅蛮缠。如果孩子因此发脾气，或者企图用"你就是不信任我"等语言来蒙混过关，那么妈妈就可以用陈述句的语调对孩子说："信任缺失了监督，就是放纵。

有的人一旦放纵自我，就会趋向于践踏别人的信任。"

信任，相互信任，是我们人际交往的基础。去饭馆吃饭，我们信任老板会做干净的饭菜给我们吃；开车在路上，我们信任他人不会开车撞我们；一男一女凑一块过日子，也得相信对方不会趁自己睡觉的时候把自己卖了。总之，在有其他人在场的环境中，我们必须选择信任他人。处处提防、提心吊胆的日子是没法过的。信任，相互信任，是一套人际交往的简化机制。过多的算计会导致我们的身心俱疲。

人，一旦没有了规矩的束缚，缺乏强有力的监督，就容易放纵自己。父母在信任孩子的同时，也要承担监督孩子的责任。信任与监督，就像一个硬币的两面。

有的家长选择无条件地信任孩子，以为自己这样做，孩子就能自动遵守规则。信任孩子是父母的理想选择。但离开了监督的信任，就基本等同于放纵了。

另外，只要是一个正常人，就难免会犯错。孩子偶尔违规一次，是正常现象，父母没必要因此大动干戈、上纲上线。

监督就像河堤，而河堤的作用就是忍受河水的不断冲撞。河堤必须在，河堤不能垮。

第五节

可以让 14 岁的孩子自己管理手机吗

以下是一位妈妈的困扰:

> 孩子在过 14 岁生日时,跟我们提了一个生日愿望:希望自己管理手机。我和老公商量来商量去,一直拿不定主意。
>
> 孩子也知道我们不可能立即就答应,就主动降低了自己的预期,对我们说:"你们俩好好讨论一下,我可以等。我希望最迟在我 15 岁生日之前实现这个愿望。"
>
> 如果我们让孩子自己管理手机,孩子就有可能管不住自己。如果我们不让孩子自己管理手机,孩子就得惦记一年,影响学习。我们俩现在真的不知道该怎么办了。

想要解决这个问题,父母首先要想清楚自己的"底牌"——孩子什么时候可以自己管理手机。一些父母有这样的认知误区,认为孩子再大一点就能管住自己了。如果父母不让孩子自己管理手机,那么不让孩子自己管理手机的理由之一一定是"孩子还太小了,管不住自己"。如果孩子因此闹腾,那么父母会认为孩子再长大一些就好了。

自我管理是一种能力。我认为,除了本能,只要是"能力",就需要人在锻炼中获得。而只要锻炼，就一定会有"能力"。学习的能力、运动的能力、人际交往的能力、自我管理的能力等等，都需要人在锻炼中获得。

手机的管理是自我管理的一部分，而且是重要的一部分。然而，自我管理的能力并不会随着年龄的增长而自动增长。自我管理的能力必须得在实践中锻炼获得。父母需要把手机的管理权交给孩子，但要负起监督的责任。

14岁的孩子之所以提出自己管理手机的愿望，就是因为他觉得自己长大了。父母需要认真考虑一下孩子的这个生日愿望，找个时间，和孩子正式地谈一谈。谈话的内容主要包括以下几点：

（1）同意孩子的请求；（2）相信孩子有能力管理好自己的手机；（3）父母作为监护人，有权监督孩子的手机使用问题，孩子必须用实际行动来证明自己的能力；（4）孩子需要给父母提供一个管理手机的方案，比如每天看多长时间的手机、每天用手机做什么等等。

在和孩子谈完之后，父母需要做好长期斗争的准备。如果孩子说到做到，能严格按照方案来执行，那么父母就算是走大运、中大奖了。在一般情况下，14岁的孩子依然有爱玩的天性，超时玩手机的情况是在所难免的。

14岁的孩子对独立、自由、自我管理的理解还是很模糊的。因此在这个阶段，父母对孩子的引导就显得非常重要了。孩子需要在具体执行的过程中体会独立、自由、自我管理的含义。亲身体验才是"行万里路"的关键。

让孩子在父母的监督之下自主管理手机，这是一个长期的过程。父母要让孩子在这个过程中慢慢体会到，所谓的自由都是有限制的。

孩子的成长过程注定是缓慢的，父母需要耐心等待。

第六节

孩子痴迷玩手机，一定不是手机的错

一位妈妈是这样说的：

> 整个初中三年，我和孩子就像打拉锯战一样，天天弄得家里鸡犬不宁，这都是因为孩子玩手机。
>
> 孩子所有科目的成绩都是不及格，地理、生物两门课的总成绩还不如别人一门课的分数高，这都是因为孩子玩手机。
>
> 孩子刚上初二时，我因为孩子玩手机的问题，第一次动手打了孩子。
>
> 手机对孩子的吸引力怎么就这么大呢？
>
> 手机对孩子的危害怎么就这么大呢？
>
> 玩手机上瘾真的是一个不治之症吗？

我可以非常明确地告诉大家：玩手机上瘾真的不是一个不治之症。孩子痴迷玩手机，一定不是手机的错。

这位妈妈将孩子的过错都归咎于手机，这是大错特错的。当然，有很多父母认为，手机是罪魁祸首，手机毒害了孩子，手机弄得家里鸡犬不宁、鸡飞狗跳。大家真的冤枉手机了。

为什么我要说大家冤枉手机了？你想一想：到底是痴迷玩手机的孩子多呢，还是不痴迷玩手机的孩子多呢？当然是不痴迷玩手机的孩子多。只是你家孩子痴迷玩手机，别人家的孩子愿意学习。父母将孩子痴迷玩手机的原因归咎于手机，这是错误的。

如果我们将孩子痴迷玩手机比作一把锁，那么打开这把锁的钥匙被放在了别的地方。也就是说，如果父母想要解决孩子痴迷玩手机的问题，就不能死死地盯着手机本身。

我们一定是因为蛋糕好吃才喜欢吃蛋糕的。我们也一定是因为生活中充满了好玩的事才喜欢生活的。如果一个孩子天天被逼着学习、练琴，还得不到应有的认可与鼓励，除了感受到失败以外，就是感受到痛苦，他会喜欢这种生活吗？他会觉得这种生活有意思吗？绝对不会。只要孩子不傻，他就一定会选择逃避这种生活，逃避那些让他感到痛苦的人或事。这就是一些孩子厌学的根本原因。

那么孩子该逃到哪里呢？有的孩子选择待在虚拟世界里，手机帮助他达到了目的。孩子之所以认为虚拟世界是一块"乐土"，是因为孩子在虚拟世界里获得了归属感、成就感、自尊感等，体会到了快乐，逃避了现实世界的痛苦。

客观地说，各类游戏、各种短视频、各种明星八卦，的确很吸引人，的确让人上瘾。然而，从目前的情况来看，虚拟世界还没有超过现实世界的好处与吸引力。一个明显的证据是，沉迷玩手机的孩子数量依然是少数，在现实世界里茁壮成长的孩子数量依然是大多数。作为父母的我们，是完全有能力避免孩子被虚拟世界吞噬的。

具体的方法是，让孩子从小就对现实世界里的人和事感兴趣。一个能在现实世界里体验到乐趣的孩子，是不太可能沉迷玩手机的。那么父母该怎样做才能让孩子对现实世界里的人和事感兴趣呢？

首先，父母要和孩子保持良好的亲子关系。一定不能让孩子讨厌父母，甚至憎恨父母。那些痴迷玩手机的孩子和父母的亲子关系大多很差。

如果一个孩子喜欢父母，喜欢和父母聊天、说心里话，享受和父母待在一起的那种温馨的感觉，那么孩子是不太可能沉迷玩手机的。如果家里的饭菜很可口，色香味俱全，那么人们是不太可能迷恋吃快餐的。

其次，父母千万别逼孩子学习。为什么？因为喜欢学习这件事是逼迫不出来的。有时父母越逼迫孩子，孩子就会越烦躁，越学不进去。如果父母硬逼着孩子学习，就可能会破坏亲子关系。父母逼迫孩子学习，最终的结果往往是，孩子既讨厌学习，又讨厌父母，唯独喜欢上了玩手机。

有的父母逼迫孩子学习的初衷是为了孩子有一个好前程，实际上却将孩子亲手推进了火坑。

最后，父母一定要帮孩子培养兴趣爱好。作为一个正常人，在醒着的时候总要干点事。如果一个孩子，既讨厌学习，又讨厌父母，还没有自己的兴趣爱好，那么孩子睁开眼后干什么呢？如果孩子无所事事，就一定会向手机靠拢。

如果父母想要彻底解决孩子痴迷玩手机的问题，就必须让孩子和现实世界产生较强的联结，让孩子在现实世界里体验到美好和快乐。

父母要尽早做以上这些工作，千万不能等孩子痴迷玩手机之后再做。

第七节
父母能阻止孩子滑向深渊吗

以下是一位妈妈的困扰：

我家孩子是一个男孩，性格偏内向，还有一点儿敏感，没有非常要好的朋友。孩子在上小学时学习成绩中等偏上，目前就读于一所优质初中，碰上了一位非常负责任的班主任。

但不知道什么原因，孩子的学习成绩一直不理想。孩子上着辅导班，还遇到了一位非常负责任的班主任，但他的学习成绩就是不见起色。

初一暑假，孩子在完成作业之后开始玩手机，玩手机的时间越来越长。我和孩子因此爆发了好几次冲突。

成绩一路下滑的孩子在上初二时开始提要求："把我的手机给我。反正你不给我手机，我的学习成绩也好不了。"我和老公左思右想：不给孩子手机，孩子肯定会闹。如果孩子从此以后破罐子破摔，那就更麻烦了。给孩子手机吧，孩子又控制不住自己，肯定会影响学习。以孩子现在的学习成绩来看，如果孩子再不努力，就没有考上普高的希望了。最后，我们抱着一丝幻想——有了手机的孩子还是有学好的可能性的，就答应了孩子的要求。

孩子带着手机去上学，违反了学校的规定，老师多次提醒孩子未果后，就渐渐地对孩子视而不见了。

在课间，孩子和同学们聊天时总是提到网络游戏。因为学校禁止讨论有关网络游戏的话题，再加上很多同学没玩过网络游戏，孩子就和一些同学慢慢地疏远了。徐老师，我想问你是否有开导孩子的办法。

先做一个假设实验，假设我们给所有上初二的孩子都配备手机，他们想怎么玩就怎么玩，想玩多长时间就玩多长时间。你猜测一下：半年后，会不会所有的孩子都沉迷玩手机呢？我的答案是不会。但一定会有一部分孩子被手机俘获，并最终沉迷玩手机。

为什么只有一部分孩子沉迷玩手机呢？这部分孩子有什么共同点吗？以我多年的经验来看，大概有以下三个原因。

一、人际关系差

人是社会性的，任何个人都不能脱离社会而存在。和其他人建立并保持良好的关系是一种根本需要，就像饿了要吃饭、累了要睡觉一样。一个人的人际关系一旦出现问题，就必然会导致某种回避性的行为，比如沉迷玩手机。手机的世界就是一些孩子的桃花源，就是现实世界里人际关系的替代品。

一个没有朋友的孩子，和父母的关系也好不到哪里去。朋友关系的实质就是亲子关系在社会层面的延展。也可以这样说，如果一个没有朋友的孩子有良好的亲子关系，那他沉迷玩手机的可能性就会降低。

青春期的孩子们，大多不愿意和自己的父母过于亲近，他们不会再像小时候那样和父母叽叽喳喳地聊天了。只有少部分的孩子愿意和父母聊天，愿意向父母诉说自己的疑惑或苦闷，愿意和父母一起探讨某一问题。有的父母就知道唠叨孩子，给孩子讲大道理，如此反复几次之后，孩子自然就不愿意再多说了。孩子的寂寞与苦闷不会因为闭嘴不说就消失了。在这种情况下，孩子就会寻找其他途径。手机就这样走进了孩子的生活。

二、缺乏价值感

一些沉迷玩手机的孩子在现实生活中缺乏价值感。和人建立并保持良好的人际关系是一种根本需要，觉得自己很厉害、能得到别人的认可也是一种根本需要。那些沉迷玩手机的孩子，他们的学习成绩普遍不好。有的孩子不能在学习上获得价值感，就只能感受到挫败感，过着毫无乐趣的生活。

除了学习以外，孩子还有其他价值感来源吗？理论上来说，当然有，而且还有很多。但问题是有的孩子不是孙悟空，分身乏术，除了学习的时间以外，没有时间去做别的事情。如果孩子没有时间去做别的事情，又从哪里获得价值感呢？这是目前存在的一个非常普遍的问题。有的孩子，除了学习成绩差以外，什么事都不会做。各位父母，请想一想：一个什么事都不会做的孩子，他会感到内心愉悦吗？

三、缺乏抵制网络游戏诱惑的能力

网络游戏的画面、声音和互动性能够刺激孩子的大脑，让孩子产生愉悦感。在网络游戏中，孩子动动手指头就可以获得游戏中的及时奖励、随机奖励、奖章排名等，从而获得成就感。孩子可以在游戏中扮演不同的角色，体验到不同的人生，从而获得归属感。这种虚拟的满足感让孩子深陷在网络游戏中。在竞争激烈的社会，孩子感受到了很大的压力，而网络游戏可以让孩子暂时忘记各种压力。孩子的自控力比较弱，缺乏抵制网络游戏诱惑的能力。孩子一旦进入了网络游戏的世界，就很难从这个世界里走出来。

父母要接纳孩子的现状，不要再一味要求孩子提高学习成绩了，不要再一味要求孩子考普高、考大学了。父母现阶段的第一要务是把孩子从深渊的边缘拉回来。

老话说："留得青山在，不怕没柴烧。"孩子的命就是青山，良好的亲子关系就是青山，孩子通过自己的努力获得价值感就是青山，孩子感觉生活充满乐趣就是青山。

第八节
青春期的孩子，没有那么可怕

以下是一位妈妈的困扰：

我家姑娘，上初二了，正式进入了青春期。以前，我家姑娘是一个很听话的孩子。不管我说什么，我家姑娘都会听。现在呢？如果我开口和她说话，要么引发一场亲子冲突，要么我只能望着她的背影，听到她抱怨一句"你烦不烦啊！"。

以前我家姑娘和我的关系非常亲密，我们经常一起爬山，一起看电影。现在呢？我家姑娘根本不给我亲近她的机会。她就喜欢一个人待在房间里。我也不知道她在里面干什么事情。

现在我和我老公都十分小心，生怕哪句话说错了把我家姑娘惹毛了。

我们该如何面对青春期的孩子呢？

一、青春期孩子的逆反行为

青春期的孩子常有以下逆反行为：

（1）不喜欢按照别人说的去做，对父母的一切指令说"不"，认为绝大多数规章制度是不合理的，应该被废除。

（2）如果父母再三叮嘱孩子同一件事情，孩子就会感到非常厌烦。

（3）认为大人的话有漏洞，批判大人的所作所为，大人的批评常常让他反感、愤怒。

（4）乐于获得赞同，对反对者感到烦躁、厌恶，认为反对者不理解自己。

（5）当他决定做某件事时，不管别人怎么反对，他都不会改变自己的决定。越不想让他做的事情，他偏偏要去做。

（6）父母让他往东，他一定往西，就是存心不让父母顺心，也不听从父母的意见。

（7）喜欢用一些稀奇古怪的方式标榜自己的个性。

二、为什么青春期的孩子会逆反呢

1. 生理原因

青春期是孩子激素水平发生剧烈变化的时期。激素分泌量的增加会让孩子的情绪出现较大的波动，从而影响孩子的行为。青春期的孩子在遇到挫折或压力时，可能会选择逃避现实，表现出叛逆的行为。

青春期也是孩子大脑发育的关键时期。随着大脑生理和功能发育的成熟，孩子的思维方式和行为模式发生了很大的变化，容易逆反。

2. 心理原因

青春期的孩子，自我意识趋于完善，有自己的想法，对自我的感受达到了前所未有的水平，渴望摆脱成人特别是父母的控制，希望拥有更多的自主权，以便更好地掌控自己的生活。这种追求独立的需求容易导致孩子与父母产生矛盾。

青春期的孩子时常思考自身的优缺点，过于自恋，也为自己的不完美而苦恼。随着自我意识的觉醒，青春期的孩子听不进去父母或老师的话，特别喜欢和父母或老师对着干，喜欢随心所欲的生活。在面对一些复杂的矛盾或问题时，青春期的孩子又希望获得成人的理解、支持和保护。

3. 学业的压力和父母的疏忽

对于青春期的孩子来说，学业压力可能会更大。青春期的孩子正处于自我认同感和自我价值观的探索阶段，学习的态度也发生了变化。一些青春期逆反的孩子厌倦了学习，失去了学习的兴趣。如果父母没有及时发现孩子的厌学问题并采取措施，有可能会让孩子更加逆反。

父母工作繁忙，疏忽了对孩子的管教，也是孩子青春期逆反的原因。父母要和青春期的孩子积极沟通，倾听孩子的想法和问题，尊重孩子的想法和感受，和孩子一起寻找解决问题的办法。父母要给孩子适当的休息时间，让孩子能够放松身心，调整心态，更好地面对学习的问题。

三、青春期的孩子没有那么可怕

有的家长，一看到青春期的孩子逆反、不听话，就立刻会说："哎呀，孩子到了青春期，我管不了了。"有的家长这样说："孩子在青春期之前是一个既听话又学习好的孩子。进入青春期之后，孩子就像变了一个人。不过没关系，只要过了青春期，孩子就会变好了。"

我今天想说的是，青春期的孩子没有那么可怕，青春期的问题也绝不是突然冒出来的。就像我们盖房子，盖着盖着，房子突然倒塌了。房子倒塌是一瞬间的事，但房子之所以会倒，一定是因为人们之前的工作做得不够好。再比如某个人得了胃病，一定跟他之前的饮食习惯、作息习惯等因素有关。

青春期的问题也是这样的。看似孩子在青春期的时候突然变得脾气暴躁了，变得逆反了，变得不听话了，实则孩子在青春期之前就存在各种问题了，比如亲子关系差、学习成绩不理想等。所谓的青春期问题，也是各种问题逐渐积累的结果。

为什么有的孩子能平稳地度过这个所谓的青春期呢？多是因为有些问题在青春期之前就被解决了。如果你等到孩子进入青春期之后再解决问题，那结果必然是事倍功半的。更好的解决办法是父母提前了解一些孩子的成长规律，调整一下自己的教育理念与方法，争取在孩子青春期之前就消除隐患。

第九节
不能把青春期的孩子当作小祖宗

以下是一位妈妈的困扰：

孩子上初二了。我越来越管不住孩子了。即使我在孩子面前总是小心翼翼的，孩子也动不动地就对我甩脸子。

有一天，我回到家之后发现孩子的脸色不好，就忐忑地问孩子："孩子，你是遇到烦心事了吗？你方便跟妈妈说说吗？""别惹我，走开，我要烦死了！"说完这句话之后，孩子就摔摔打打地进入自己房间了，留下一脸惊愕的我。看着孩子消失的身影，我满脸的忧伤。

面对这个处在青春期的孩子，我彻底没招了。一个妈妈对我说："你把青春期的孩子当作小祖宗供着就行了。"徐老师，我真的需要供着孩子吗？

"小祖宗"这个词用得极好，极易引起大家的共鸣，因为大家都有切身的体会。我们华夏儿女向来敬重祖宗，极少有人敢欺师灭祖。对于这个"小祖宗"，有的父母打不得，骂不得，说不得。父母不能对孩子说："你去给别人当祖宗吧，我供不了你了。"就算有的父母敢说，又有谁敢给自己找一个小祖宗呢?

其实,孩子压根没把自己当作小祖宗,是父母因为恐惧主动地把孩子当作小祖宗的。

青春期是孩子走向成熟的一个过渡阶段。这时孩子的心里住着两个自己——一个幼稚的自己,一个成熟的自己。这两个自己相处得不和谐,经常闹矛盾。什么时候成熟的自己赶走了幼稚的自己,孩子就真的长大成人了。

青春期的孩子就想摆脱父母的控制,不需要父母的关怀备至,因为他不想再被当成一个孩子。青春期的孩子非常容易情绪激动,就会不可避免地和父母发生冲突。有的父母担心孩子因为情绪激动而影响学习,就小心翼翼地供着孩子。如果父母将孩子当作祖宗似的供着,就会将孩子推向更危险的境地。

想要维护良好的亲子关系,就必须有必要的原则和边界。只有这样,亲子之间才能达到某种动态平衡。如果父母供着孩子,就像那个跷跷板,孩子那头就永远在天上了。

如果孩子感觉烦,你就让他单独待一会儿,你该干啥就干啥。青春期的孩子渴望拥有独处的时间和空间,父母要尽可能地满足孩子。父母这样做,表面上很被动,实则这种被动体现了父母对孩子的尊重。能得到父母的尊重,这对孩子来说是非常美好的体验。孩子也会因此尊重父母。

如果父母把孩子当作成年人看待,把孩子当作朋友看待,孩子就不会再像一个小祖宗了。

第十节
青春期的孩子正在长大

以下是一位妈妈的困扰：

我家哥哥 11 岁，弟弟 8 岁，哥哥正处在青春叛逆期，弟弟正处在狗都嫌的时期。

这天早晨，弟弟愉快地哼起了歌。哥哥听到之后感到厌烦，朝着弟弟大喊一声："你小声点！"

弟弟听到之后愣了一下，或许他没听懂哥哥的话，又或许他故意和哥哥作对，他更加大声地哼起歌来。

哥哥直接暴怒了，把书桌摇得嘎嘎直响。

我看到之后什么都没说，因为我早就习惯了这样的情景。

出门的时候，弟弟很自觉地跟着我出来了，却不见哥哥的踪影。

我就跑去问哥哥："你今天不去上学了吗？"

哥哥对我说："我今天不去上学了，我现在没法去上学！"

等我转身要走的时候，我就听到门被"咣"的一声关上了，紧接着就是一阵响声。

我把弟弟送到学校后就回家了，先平复了一下烦躁的心情，然后去敲哥哥卧室的门。得到哥哥的允许后，我推开了哥哥卧室的门。

哥哥正在床上躺着，屋子里面很乱，落地灯倒了，弟弟的书、被子等都被扔在了地上。

我又问了哥哥一句："你现在想去上学吗？"

哥哥喘了两口粗气，说："我不去，没心情！"

然后我就关上门出来了。

青春期的孩子偶尔发脾气不想去上学，我能理解，但我搞不明白的是，青春期的孩子就因为这么一件小事不想去上学，他到底是怎么想的啊？怎么就闹成现在这个样子了呢？

这位妈妈真的很厉害。换作我，在遇到这种情况时，肯定就疯了。即使不疯，我也会对着孩子大吼几声："你为什么不去上学呢？你到底为什么不去上学呢？"而这个妈妈，在遇到这种情况时居然能忍住不发火，直接送弟弟去上学了，回到家之后依然淡定地询问孩子"你现在想去上学吗"。听到哥哥说不想去上学，这个妈妈就平静地接受了。这"忍功"真的练到家了。

父母确实需要练一练"忍功"，为什么呢？因为生气、发脾气会让问题变得更严重。面对发脾气、不想去上学的孩子，妈妈的大喊大叫是能解决问题呢，还是会制造问题呢？有很多事不是我们着急就能解决的。本文中的这个孩子，他就是不想去上学。即使妈妈揪着他的耳朵把他揪到学校，他也不会专心学习。

青春期孩子的一个典型特点就是情绪不稳定。如果父母朝着青春期的孩子发火，那就是针尖对麦芒，两不相让，极易爆发激烈的亲子冲突。如果我们遇到这种很难在短时间内解决的问题，就可以忍一忍、拖一拖。有时候忍一忍、拖一拖，看起来很被动，实则遵循了孩子的成长规律。

有的父母，总是盯着孩子的现在，总是盯着孩子的缺点和不足，既看不到孩子的未来，又看不到孩子的优点。有的父母在看到孩子的问题时，总会想到一个坏的结果。

视野是否宽阔，认知是否全面，将直接决定父母对孩子态度的好坏，继而影响孩子成长的路径。

我讲一个故事：

突然有一天，儿子朝着妈妈发脾气："妈妈，我今天不想听你的了，我要自己做主，我今天不想去上学了，我要跟你反着来，我要跟你对着干！"

这个妈妈听了之后不仅没生气，还非常高兴地说："我的儿子终于进入青春期了，你终于开始反抗我们了。我要立刻告诉爸爸这个好消息。今天晚上我们要一起庆祝一下！"

儿子一听妈妈这样说，瞬间就蒙了，诧异地问妈妈："妈妈，难道你不生气吗？我要跟你反着来，我要开始不听话了！"

妈妈笑着说："这就证明你长大了，这是一件值得庆祝的事情！"于是，这个孩子的青春期就这样结束了。

孩子是成长还是对抗，一念之差，结果就差了十万八千里。

父母忍下来，并不是父母不管孩子了，而是父母用一种非正面对抗的方式来解决孩子的问题。父母要根据孩子的心理特点去改变应对的方式。面对青春期的孩子，父母应该将关注点转移到如何帮助孩子控制自己的情绪上，而不是一味地训斥孩子，一味地控制孩子。

第十一节
该怎样和青春期的孩子聊天呢

以下是一位妈妈的困扰：

我儿子 13 岁了，每天睡觉前都要和我聊一会儿。

这天，我和儿子又聊上了。

儿子说："妈，你说我以后该干什么呢？"

我说："你现在还小呢，不用想这么远的事情。你现在要以学习为主。如果你学习好了，你将来的选择就多了……"

儿子没搭话，沉默了一会儿，说："哎，妈，我觉得初中生活好漫长啊！"

我一听到这句话就有点慌了，因为儿子才刚上初一啊，他现在就觉得初中生活太漫长了，那他以后怎么办啊！我对儿子说："儿子啊，我知道你现在学习很辛苦。只有吃得苦中苦，才能成为人上人啊！你现在苦一点，以后的日子才会甜……"

儿子听我说完后，就彻底沉默了，翻了一下身，准备睡觉了。

我还想和儿子聊一会儿，儿子没给我机会，对我说："妈，我困了，先睡了，你也早点休息吧。"

我有些不理解我儿子的做法。我想知道这么大的儿子到底在想什么。我儿子怎么说翻脸就翻脸呢？

"现在的孩子真难管！"

"现在的孩子真的不听话！"

"我真的理解不了现在的孩子！"

以上这些是父母对于青春期孩子的评价。孩子可真难管的另一面是父母管教孩子的水平不够高。孩子真的不听话的另一面是父母没把话说到孩子的心坎上。理解不了孩子的另一面是父母根本没有去了解孩子。如果父母不了解孩子，又何谈理解孩子呢？

如果父母认为孩子就应该喜欢学习，就应该拼命学习，那就真的理解不了孩子为什么不愿意学习。青春期的孩子真的需要父母的理解，因为他正在发生巨变，正在变得和以前不一样。青春期的孩子开始思考了，开始想事了，开始有心事了。如果父母依然用之前的那套模式来养育现在的孩子，没有意识到孩子正在慢慢地变成一个成人，就与孩子脱节了。

父母和孩子的年龄往往相差较大。父母与孩子所接触到的事物是不同的，父母和孩子的思维方式等也是不同的。在处理问题方面，父母通常比孩子考虑得更全面、更现实一些。而孩子的思想比较单纯。父母和孩子在看待同一件事的时候，往往会持有不同的观点和态度。

父母如何做才能避免与孩子脱节呢？父母不要总拿着自己的条条框框去要求孩子。在这个基础上，父母要和孩子保持良好的亲子沟通，掌握亲子沟通的技巧。我总结了六个字的亲子沟通技巧：多听，多问，少说。

多听，就是指父母时刻关注孩子的情绪，耐心地倾听孩子说话。倾听会让父母的心与孩子的心贴得更近。父母要帮助孩子排忧解难，消除孩子精神方面的"包袱"和情绪上的"垃圾"。更重要的是，和父母倾诉能让孩子及时地调整自己的情绪，以便更好地投入学习和生活。

多问，就是指父母在沟通的过程中多询问孩子。有时父母的一个问句就能让孩子打开话匣子，从而让父母更好地了解孩子。父母可以这样问孩子："你想让爸爸妈妈帮你做什么呢？""你觉得我们该怎么做才能帮助你呢？""如果你按照自己的想法去做，会有怎样的结果呢？""你现在是不是感觉很迷茫啊？""你现在是不是觉得很辛苦啊？"……

少说，就是指父母在沟通的过程中尽量地少说话，少唠叨，多听孩子说话，多向孩子提问。父母要学会等待结果，让孩子适当承担犯错的代价。

第十二节
不要硬逼着孩子听话

一个妈妈来找我咨询，一上来就对我说："我那个上高中的女儿现在是油盐不进。如果我好好地跟她说话，她就听着，但跟没听见一样，她依然是我行我素。如果我提高音调和她说话，她就直接让我闭嘴，让我别再唠叨了。徐老师，我现在应该怎么办呢？"

我对这个妈妈说："我的建议和你女儿的一样，就是你需要闭上嘴，别再唠叨了。"

接下来，我就仔细说一说为什么父母需要闭上嘴，别再唠叨了。

一、父母的唠叨会让孩子心烦

父母的唠叨会让孩子心烦，而孩子一心烦，就什么话都听不进去了。甚至有的孩子还会和父母对着干。

我们普通人过日子，靠的不是什么大道理、大目标。那靠的是什么呢？靠的是心情。如果一个人的心情好，他就愿意做一些事情。如果一个人的心情不好，那么他无论干什么都觉得烦。如果一个人能让我们的心情好，那我们就喜欢他。如果一个人让我们的心情不好，我们就讨厌他，就想离他远点。

父母的唠叨会让孩子心烦。如果孩子心烦了，就一定会"意乱"，无法集中注意力。一个无法集中注意力的孩子，还怎么学习呢？

我们都喜欢被别人哄。别人的几句甜言蜜语就能让我们瞬间高兴。有的父母就深谙此道。孩子一回家，父母就对着孩子说甜言蜜语："宝贝今天上学表现得很棒啊！""宝贝今天又进步了很多！"孩子一听到父母夸奖的话语，就更愿意学习、写作业了。

而有些父母，见了孩子之后，脸上连一个笑模样都没有，更不会说甜言蜜语了，就算孩子主动说话，也是一副对孩子爱搭不理的样子，甚至对孩子横挑鼻子竖挑眼。碰上这样的父母，孩子的心情能好吗？如果孩子的心情不好，他能好好做作业吗？他能好好学习吗？在教育孩子的时候，一些父母就把哄孩子的常识忘了，变成了直脾气、直肠子，总是唠叨孩子、批评孩子、指责孩子。如果孩子的心情不好，父母还怎么让孩子听话啊？

二、孩子已经瞧不起父母了

为什么父母需要闭嘴，别再唠叨孩子了？一个比较扎心的原因是孩子已经瞧不起父母了。孩子对父母的讨厌、憎恨是情感层面上的、体验层面上的。有的孩子认为父母不关心他，只关心他的学习成绩。有的孩子认为，父母的教育理念已经过时了，父母没有资格、没有能力教育他了。

在孩子小的时候，或者在孩子青春期之前，大多数父母在孩子的心目中是厉害的、高高在上的形象，即使孩子的心里面有一百个不痛快，他也会忍着，不敢反抗。进入青春期之后，孩子的心理和生理逐渐成熟，孩子的脑袋里装的知识越来越多，孩子具备的能量越来越强，有的父母在孩子心目中的地位越来越低。

我想问一下：自从毕业之后，有多少父母还在持续不断地学习呢？有多少父母了解孩子的成长规律呢？有多少父母审视过自己的教育理念与教育方法呢？如果父母没有做到以上这些，又怎么能指望自己被孩子瞧得起呢？

父母先别怪孩子油盐不进。孩子油盐不进一定是有原因的。如果你想让孩子听话，就必须先找到孩子油盐不进的原因。

第四章

父母和孩子一起应对压力

孩子也会有压力

每逢中考、高考前夕，我都会被学校邀请去给父母们讲课，课程的主要内容就是父母如何给孩子减压，如何帮助孩子更好地迎接考试。有时我也会接到一些父母的咨询。有些孩子所承受的压力确实超出了他们的承受范围，严重地影响了考前复习和考试发挥。父母过高的期望也会使孩子背负的压力越来越大。

实际上，孩子都是非常敏感的，他没有足够的能力去化解外界的各种压力。这些压力不仅会影响孩子的学习成绩，还会使孩子的心理和身体受到伤害。作为父母，要学会分辨孩子所承受的压力类型。

一、学业带来的压力

有的孩子非常在意自己的学习成绩，甚至不敢谈论有关学习成绩的话题。这类孩子的特点是平时的学习成绩还可以，一遇到大型考试就容易发挥失常，而发挥失常所造成的成绩波动又会引起情绪的波动，继而影响学习的效果。如果考试成绩不理想，有的孩子就容易自责，变得自卑、厌学，感受到压力。

二、自身性格产生的压力

有的孩子性格有缺陷，不能容忍自己的不完美，总跟自己较劲，情绪不稳定，特别容易焦虑。在紧急状况出现时，这类孩子会从最坏的角度去思考，非常容易焦虑。过度的焦虑会让孩子感到苦恼与不安，打击孩子的自信心，降低孩子的学习效率，让孩子感受到压力。

三、人际交往产生的压力

有的孩子往往不能适应群体的生活，性格孤僻、不合群，一旦有人主动接近他，他就会感到非常紧张，内心自卑，抗拒交往。如果孩子缺乏与同龄人交往的经验，丧失与同龄人沟通的热情，就容易影响自身的身心健康，无法排解压力。

四、家庭带来的压力

家庭是孩子成长的主要环境之一。有时家庭内部产生的压力会对孩子的身心造成不良的影响，让孩子感受到压力。父母之间的矛盾或冲突等都会让孩子感到恐惧不安。在这种情况下，父母应该告诉孩子事情的真相，帮助孩子缓解紧张不安的情绪，释放压力。父母应该给孩子营造温馨和睦的家庭氛围，给孩子提供一个稳定的成长环境。

总之，父母应该积极关注孩子的心理健康，帮助孩子释放压力，帮助孩子提高自信心，从而使孩子健康快乐地成长。

第二节
父母应该帮助孩子释放压力

一个孩子之所以有压力，是因为他主动地把外在的、潜在的危险扩大了。既然孩子已经感受到了压力，父母就应该帮助孩子释放压力。父母该如何帮助孩子释放压力呢？正确的做法是，父母帮助孩子厘清头绪，然后和孩子一起制订有效的行动计划，并督促孩子一项一项落实。

面对压力，孩子要想办法释放压力。总之，孩子得行动起来，不能在原地傻站着，瞎寻思。父母要告诉孩子：

（1）什么是压力？

（2）面对压力时，要学会释放压力，不能胡思乱想、怨天尤人。

（3）针对压力，制订具体的行动方案，并认真执行。

比如，针对学业的压力，孩子可参考以下的行动方案：

（1）认真完成老师布置的作业，不能胡思乱想、浪费时间。

（2）寻找短板并努力补齐短板，能补多少就补多少。

（3）每天散步或者跑步等，总之要让自己运动起来。运动有利于人们在压力之下保持身心健康。一个人只有身心健康了，才能经得住长时间的学习。

（4）父母要主动地和孩子搞好关系。家人的支持是孩子克服压力的重要保障。

如果孩子能坚决执行行动方案，就能克服压力。

有的父母在发现孩子有压力时，就只知道给孩子无微不至的关怀。有的父母在家里大气都不敢喘，走路都跟猫似的，悄无声息，生怕打扰孩子学习。有的父母为了让孩子集中精力学习，都不让孩子插手与学习无关的事情。有的父母就知道给孩子做思想工作，给孩子讲一些人生大道理，劝孩子不要有太大的压力。孩子已经感受到了压力。父母的几句大道理不能帮助孩子释放压力。父母要教给孩子实实在在的应对之道，告诉孩子先迈哪只脚，是该往东走还是该往西走。

第三节

孩子信你、服你，才会听你的话

我在前文中已经说过，当孩子感受到压力时，父母需要帮助孩子厘清头绪，然后和孩子一起制订有效的行动计划，并督促孩子一项一项落实。有的父母可能已经发现了，想要孩子执行计划，必须得有一个前提，那就是孩子得听父母的话。如果孩子不听父母的话，那么父母制订的计划再好也没用。

孩子能听父母的话吗？这是一个大问题。孩子越大越不听话，这是一些父母的亲身体验。这就引出了一个更大的问题：父母教育孩子的基础是什么呢？是孩子信服自己的父母。

有的孩子这样说："我妈这个人挺好的，但说话没有逻辑，喜欢东拉西扯，就是一个家庭妇女。"

还有的孩子这样说："我爸挺疼我的，也舍得给我花钱，但他在遇到事情时总是说不到点上，还容易发脾气，让我别顶嘴。"

在咨询室里，有的孩子会当着父母的面儿说出以上类似的话。父母听到后，虽然感到有点尴尬，但也会笑呵呵地承认。

我们都曾经是孩子。回想一下，小时候的我们是如何评价自己的父母的？我们愿意听父母的教导吗？

我们每个人都处在各种关系中。夫妻关系、亲子关系、师生关系、同事关系、朋友关系等，哪一个都离不开信任。关系之所以出现了问题，大多是因为信任出现了问题。

我们努力学习，努力工作，努力提升自己的人际交往能力，是为了获得更多人的信任。

在涉及教育、医疗一类的事情时，单纯的信任就显得不够了，必须得有信服。比如我们去医院看病，一个是年轻的主治医生，另一个是年长的主任医生，你会选哪一个医生呢？或者你更相信哪个医生的诊断呢？你觉得哪个医生的诊断更准确呢？我们只有信服这个医生，才会相信这个医生的诊断，愿意按照医嘱治疗。

再反观我自己，为什么我要在网络上发布我写的文章呢？因为我想扩大影响力，提高知名度，传播更科学、更理性的教育理念与方法。更深层次的原因是，我想让更多的读者通过我的文字了解我，信任我，直至信服我。为什么我要这样做呢？为什么读者信任我、信服我这么重要呢？因为大部分的教育理念、教育方法都是简单的、朴素的，只有坐在我面前的父母或者孩子相信我，信服我，他们才会按照我说的去做，我才能帮助他们走出困境。

教育孩子也是这样的。孩子只有信服自己的父母，才会听从父母的教导。如果孩子从心底里尊敬、信任父母，就愿意听从父母的建议和指导。父母如何做才能让孩子信服呢？

一、父母真诚地爱孩子，关怀孩子

如果父母想要赢得孩子的尊敬与信任，就要给予孩子真诚的爱和关怀，让亲子关系更加亲密。在孩子的幼年时期，父母要多花一些时间陪伴孩子，和孩子一起做有趣的亲子互动游戏，睡前讲讲故事、聊聊天，给孩子留下更多的美好回忆。父母要学会表达自己对孩子的爱和关心，用温和、耐心的语气和孩子交流，在孩子难过、受挫的时候，给孩子安慰和鼓励。

二、父母尊重孩子，理解孩子

如果父母想让孩子信服，就应该给孩子更多的尊重和理解。虽然孩子已经进入青春期，但是他在很多方面还是不够成熟，父母应该和孩子平等相处。父母要允许孩子和情绪待一会儿，帮助孩子认识情绪，管理情绪，释放情绪。如果父母接纳和理解孩子，彼此间有情感的交流，孩子就会更加尊敬、信任父母。

三、父母要给孩子有效的指导和建议

能让孩子信服的父母，除了要给孩子无条件的爱以外，还要在孩子成长的过程中给孩子有效的指导和建议。在孩子考试考砸后，父母需要和孩子一起分析错题，找出错题的原因，然后和孩子一起查漏补缺，巩固所学的知识。父母需要理智、客观地给孩子一些可行的建议，和孩子一起战胜困难。

父母要懂得反思自己，以身作则，懂得身教大于言传的道理。父母要做孩子的榜样，让孩子信服。

第四节

在孩子撑不住的时候，父母必须帮孩子一把

以下是一位妈妈的困扰：

正上初二的女儿，有一天放学回家后跟我说："妈妈，我快撑不住了，我需要休息。你帮我跟老师请假吧，就说我生病发烧了。"孩子说完这些话之后就回自己卧室了。我一看孩子这样就没敢多问。

第二天早晨，孩子起床之后先写了一会儿作业，没吃早饭，就上床躺着了。我忍不住去问孩子到底怎么了。但孩子什么都不说，还把我赶出来了。过了一段时间之后，我又进去问孩子，又被孩子赶了出来。

我不敢再询问孩子了，只能另想办法。我先看了孩子的 QQ 动态，果然看到了孩子昨晚刚发的一条动态，只写了这样一句话："我感动了所有人，却没有感动你。"凭着女人的第六感，我觉得孩子早恋了。我该怎么办呢？

"妈妈，我快撑不住了，我需要休息。"听到女儿说出这样一句话，这位妈妈没有说出自己的感受。如果你的孩子说了这样一句话，你会有什

么样的感受呢？

一类父母的反应是心疼孩子，感叹孩子上学真的太累啦！另一类父母的反应是恐慌，担心孩子不上学会耽误功课。

你觉得这位妈妈的感受是心疼呢，还是恐慌呢？

你是感觉心疼呢，还是感觉恐慌呢？

曾经的你，是否也有过这种快要撑不住的感觉呢？

我有过这种快要撑不住的感觉，还在某个阶段反复地体验这种濒临崩溃的感觉。我们之所以会有这种快要撑不住的感觉，是因为我们遇到了困难，仅靠自身的能力还不足以应对，一直在苦苦支撑。

本文中的这个孩子也遇到了困难，遇到了超出自己能力范围的困难，并且她一直在努力支撑，不让自己倒下来。

我们人人都会遇到困难。当我们的能力不足以应对困难，还试图解决困难时，我们必须硬撑着。既然我们无法避免困难，就只能面对困难。我们要掌握解决困难的能力。从狭义上来说，考试、升学就是孩子面临的困难，就是孩子需要解决的问题。

"我感动了所有人，却没有感动你"这种事，是问题吗？需要我们解决吗？当然需要我们解决。

在孩子上初中以后，父母要做好思想准备。孩子将在学习、人际交往等方面感受到压力，有时候这些压力会超出孩子的承受范围。为什么本文中的这个小姑娘想要休息呢？因为她感觉自己撑不下去了。短暂的休息能让她恢复正常。由于工作的原因，我见过太多"垮掉"的孩子，他们不再上学，他们被眼前的困难彻底打败了。

在学业竞争激烈的大背景下，父母不能把所有的困难和压力都推给孩子。在孩子遇到问题时，父母要和孩子一起商量解决问题的办法。父母不仅要给孩子物质上的支持，还要给孩子精神上的抚慰。

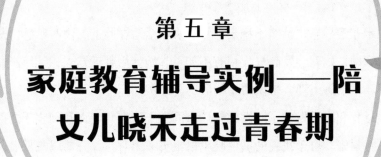

第五章

家庭教育辅导实例——陪女儿晓禾走过青春期

写在前面的话

妈妈对晓禾的描述

晓禾，女孩，15 岁，上初中二年级。

晓禾非常易怒，情绪不稳定，喜怒哀乐全写在脸上，内心敏感。只要别人惹到她，她就会发脾气。稍有不如意，她就用脏话骂人，无所顾忌，毫不退让，不讲道理。她说的一些话还非常伤人。

最近我和晓禾发生了几次比较严重的亲子冲突，弄得我和晓禾之间的关系非常紧张。对于我说的话，晓禾根本不考虑对错，只要跟我反着来就行。晓禾对我说："我明知道自己这样做不对，但我就是要这样做，我就是不让你好受，我就是要气你。只要你生气了，我就胜利了。"

晓禾还有一个弟弟。弟弟今年 7 岁了，上小学二年级。晓禾对弟弟的态度非常恶劣，时常欺负弟弟，经常用恶毒的话辱骂弟弟。弟弟很怕晓禾，也很自卑，因为他总被晓禾说成是全世界最蠢的人。

晓禾还有一个比较明显的问题就是拖拉。对于一些计划好的事情，晓禾总是拖延，直到最后不了了之。晓禾经常随意改变自己的计划，经常不兑现自己的承诺，总是说到做不到，就只知道"摆烂"，一副死猪不怕开水烫的样子。

晓禾还非常迷恋网络游戏。一玩起网络游戏，晓禾就不管不顾，根本不遵守约定好的玩网络游戏的时间，总是找各种超时的理由。因为晓禾玩网络游戏的问题，我和晓禾都不知道吵过多少次了。

我们的应对之策

如果晓禾的父母不是被孩子折磨得战战兢兢的，就不会来找我们了。一些父母找到我们的时候，他们的情绪往往是急躁的，思维往往是混乱的。我们该如何应对这类父母呢？

第一步，我们会要求父母将孩子的个人情况、孩子存在的主要问题、处理孩子问题的方式、期望达到的咨询效果等信息详细地写下来。我们这样做是为了详细了解孩子的情况，也是为了安抚急躁的父母。

晓禾的妈妈非常配合，她将晓禾从小到大的成长经历都写下来了，有几千字。我摘录了以下的文字：

> 如果孩子再继续这样下去，我们真担心她这一生就毁了。一个不愿意学习的孩子，一个迷恋网络游戏的孩子，一个情绪不稳定的孩子，哪里还有什么前途啊？
>
> 我们现在对孩子没有什么过高的要求，就是不想看到她这样过一辈子，真的希望她不再和我们对抗，不再那么迷恋网络游戏，真的希望她能普普通通、快快乐乐地过一生。
>
> 我们也知道孩子的问题就是家长的问题，就是家庭的问题，就是教养模式的问题，但我们不知道该如何做。请徐老师给我们专业的支持和帮助。

面对这样一个青春期的女孩，面对这种紧张的亲子关系，父母得需要多长时间才能走出阴霾，重见阳光呢？

理性、强硬的父亲

2022 年 12 月 10 日　妈妈日记

我、晓禾爸爸、教育顾问的聊天内容如下：

晓禾爸爸：昨天晚上晓禾不按约定使用手机，妈妈反复劝说晓禾，晓禾依然不守约。所以我让晓禾自己做选择，要么她立刻交出手机，要么明天我就关掉手机网络。我认为，如果晓禾不遵守约定，就应该受到惩罚。

我：你说的道理是对的，但我觉得，如果你关掉手机网络，肯定会激化亲子矛盾，接下来你就没办法和晓禾好好沟通了。我也很气愤，但我认为我们要对晓禾宽容一些。我不知道自己这样做会让晓禾得寸进尺吗。

教育顾问：这个情况是比较复杂的。孩子不守约、玩手机等问题，其实都是"症状"。接下来我要努力帮你们找到导致这些"症状"的根本原因，并提供应对之道。目前，我认为你们俩应该以不激化亲子矛盾为第一选择。

晓禾爸爸：亲子矛盾的起因不就是晓禾不遵守约定吗？她就是这样胡搅蛮缠、不讲理。我们已经给晓禾讲清楚道理了。晓禾没有遵守约定，就应该承担后果。

教育顾问：晓禾爸爸，你有没有想过，为什么晓禾会胡搅蛮缠、不讲理呢？

晓禾爸爸：因为她承担的后果太少了。她就得多承担一点儿后果，多接受一点儿磨炼。我们给她的太多了。

教育顾问：晓禾爸爸，你的这种想法很危险啊！

晓禾爸爸：你为什么这么说呢，徐老师？

教育顾问：问题已经发生了，用造成问题的思维模式是不可能解决问题的。

晓禾爸爸：我们要跟着徐老师努力学习。

教育顾问点评

理性与强硬，是比较典型的"父亲思维"特点。

父亲的理性，往往体现在"自以为是"上。一个男人在社会上，可能是自信的，也可能是自卑的。而一个男人，作为父亲，在面对自己孩子的时候，往往是自负的，他认为自己的人生经验或者人生信条都是真理，逼迫孩子遵守自己定的规矩。

父亲的强硬往往体现在教育方法的简单粗暴上。有的父亲，可能是因为自己不愿意管孩子，可能是因为自己工作忙，没时间管孩子，也可能是因为自己的妻子不让自己管孩子，总之就是基本不管孩子。等孩子犯了错误或者出了问题之后呢？有的父亲要么给孩子讲道理，要么给孩子定规矩。有的父亲要么吼孩子一顿，要么打孩子一顿。

一个理性且强硬的父亲，往往很难信任教育顾问，因为他坚信自己是对的，很难相信还有人比自己更了解自己的孩子，比自己更会教育自己的孩子。

　　"晓禾爸爸，以上文字没有批评你、针对你的意思。"

　　"晓禾爸爸，帮晓禾回归正轨是一个漫长的过程。在今后的日记点评中，我可能还会写一些让你看了不舒服的文字或者观点，但这都是为了孩子好，希望你不要误解我。"

　　"晓禾爸爸，我希望自己能够获得你的信任。"

冷漠挑衅的女儿，失望透顶的妈妈

这两天晓禾对我的态度非常冷淡，总是避免跟我说话。如果我问她某件事，只要没有超过三遍，她都不会搭理我。即使她搭理我，也只是回复我"嗯！""啊！"。

因为今天是周末，晓禾不用去上学，所以她选择早晨不起床。即使她起床了，也不出自己的房间。她不跟我们一起吃饭。如果她饿了，就自己煮东西吃。她躲在房间里与同学玩游戏时是另外一种状态——她兴奋得大喊大叫，大声骂人，大声笑。我能感觉出来，她那副冷漠的样子都是做给我看的。

我们和晓禾约定：她在周一至周五晚上七点半之前交手机，在周六、周日晚上九点之前交手机。昨天晚上九点之后，我将她的手机放在卫生间里充电。她为了继续玩手机，就假装上卫生间，躲在卫生间里玩手机。在晚上睡觉前，她又将手机拿回了自己的卧室，并给我发了以下微信：

执行死刑！

哈哈哈哈！

哈哈！

哈哈哈哈哈！

哈哈！

哈哈哈哈哈！

执行死刑！

她这样做的目的就是故意激怒我。如果这件事发生在以前，我会跑到她的卧室，让她把手机交出来。我和她就会因此大吵一架，我会被她气得要命，再也无法睡觉了。但昨天我没有这样做，我给她发了"晚安"两个字之后就睡了，睡得异常安稳。

我好像是因为对她失望透顶了，对她没有任何期待了；又好像是因为洞悉到她的挑衅了，不再被她牵着鼻子走了。

我有一个猜测，就是这两天她看似无缘无故地发脾气，其实是她想先发制人，她害怕我批评她，因为她最近的考试分数很低。最近她总是逃避我，避免跟我谈有关考试成绩的事。

不管她处于哪种状态，我都要保持情绪稳定，不再被她牵着鼻子走，我该干吗就干吗。

教育顾问点评

"不管她处于哪种状态，我都要保持情绪稳定，不再被她牵着鼻子走，我该干吗就干吗。"晓禾妈妈，请你将这种状态继续保持下去。

晓禾妈妈，我打一个不恰当的比喻，希望你不要生气。原来的你和晓禾就好像是两个泼妇，你们俩一言不合就会大吵一架。你们俩都对彼此"失望透顶，没有期待"了。如果你现在能做到，不管晓禾怎么挑衅你，你都不上当，那你就真的不再被她牵着鼻子走了，你就可以牵着她的鼻子走了。

如果孩子发现妈妈正在往好的方向转变，比如脾气小了，不再动不动地就吼自己、批评自己了，能和自己正常沟通交流了，他会有变化吗？一定会有。

两个泼妇对骂，可以持续几个小时，可以持续几年、几十年。如果只剩下一个泼妇了，结果会是怎样的呢？没有了对手，这个泼妇还会继续骂下去吗？

我认为，我们首先需要做的就是缓和家庭氛围，修复母女俩之间的关系，尽快地改变这种亲子对抗的状态。如果父母不改变这种亲子对抗的状态，任由其继续恶化，那么孩子只会离父母越来越远，亲子关系可能会变得越来越差。

晓禾妈妈，在目前这个阶段，你不要过分地在意孩子玩手机的问题。该立的规矩就立。但当孩子不遵守规矩的时候，你一定不能激化矛盾。晓禾妈妈，你这次的应对方式就很好。

另外，晓禾妈妈，你可以思考这样一个问题：一个青春期的孩子，整天和父母作对，也没心思学习，如果她不玩手机，她还能干什么呢？

晓禾妈妈，我认为你的猜测是对的，孩子有点心虚。一个 15 岁的大姑娘整天"摆烂"，整天打游戏、不学习，她感到开心吗？她瞧得起自己吗？

今天，妈妈什么都没说

昨晚晓禾没有上交手机，她说要用手机定一个起床的闹钟。我就没再坚持让她交出手机。

今天早晨我刻意没有叫她起床。都已经 6:40 了，她的闹钟还没响。如果她再不起床，就上学迟到了。根据以往的经验，如果她起床较晚，从她起床的那一刻起，她就会气呼呼的，摔摔打打，没有时间吃早饭。所以我还是没有坚持住，我去敲了敲她的门，并告诉她现在几点了，但没有像往常那样催促她快点收拾、快点吃饭。

她收拾好之后出来吃早饭。我和她在饭桌上也没有过多的交流。她吃完之后，就收拾好书包去上学了。我送她到门口。我们俩互相说再见。今天早晨的安静平和让我有一种恍如隔世之感。

她晚上回家后，表现得一切正常。吃完晚饭后，她就回自己房间了。她把自己房间的门一关，我就不知道她到底在干什么了。我猜她在玩手机。不一会儿，她出来洗澡，告诉我，她洗完之后会自己打扫卫生间，让我记得提醒她。她主动要求打扫卫生间，这种情况并不多见。大多数时候她洗完澡之后没有打扫卫生间。每次我提醒她打扫卫生间，她要么非常不情愿地打扫，要么假装听不见我说话，拒绝打扫。她今天的表现还不错。

睡前我又忍不住提醒她将手机交出来，她没有搭理我，我就没再说什么。一段时间之后，我看见她房间的灯关了，不知道她是真睡了，还是在玩手机，随她去吧。

教育顾问点评

晓禾妈妈，从你今天的描述来看，你之前管的、说的都太多了。你现在能忍住不管、不说了，也体会到了自己的改变带来的改变，比如"早晨的安静平和""她主动要求打扫卫生间"等。

原来的你被焦虑的情绪驱动，在养育孩子方面完完全全是"情绪驱动模式"。焦虑是一种情绪反应。人之所以会焦虑，是因为对未来的恐惧。你可以想一想，自己到底在怕什么，又为什么会害怕。如果你感到焦虑，就必须做点什么来缓解焦虑。

为什么人们只要做点什么就能缓解焦虑呢？因为只要我们付出了行动，就会有一种对现实的"控制感"。有些急脾气的人一进入电梯，就用钥匙不停地猛戳那个"关门键"，从表面上看他们正在很努力地关门，似乎一切尽在掌握。再想一想：如果你就是那个"关门键"，你恨不恨那个拿钥匙不停猛戳你的人呢？

晓禾妈妈，现在的你正处在亲子相处模式调整的关键时期，请你一定要坚持住。只要你能坚持做到不唠叨孩子，就一定能取得胜利。

孩子需要的是理解，不是指责

2022 年 12 月 13 日　妈妈日记

今天早晨，晓禾还是没有按时起床。我让晓禾爸爸去叫晓禾起床。晓禾爸爸先在卧室门外敲了两遍门，见晓禾没有应声，晓禾爸爸又敲了一遍门，对晓禾说："晓禾，该起床了，你听见没有啊？"我听到晓禾传来不情愿的答应声。不一会儿，晓禾就起来了。吃完早饭之后，晓禾的时间就有点紧张了。晓禾爸爸主动地对两个孩子说："我开车送你们俩上学吧。"两个孩子就跟着爸爸走了。

晚上我开车去接晓禾放学。在接晓禾回家的路上，她跟我说，学校要举办活动，她需要买点东西当礼物。在这之前她就跟我提过这件事，但她一直拖着不准备，明天就要用了，她今天才知道着急。我真想趁机说她几句："为什么你不早做准备呢？为什么你就喜欢把事情拖到最后呢？为什么你总是这样没有计划性呢？"如果我这样对她说，我和她肯定会因此爆发一场冲突。我强忍着没有这样说。

我对她说："那你需要我帮什么忙吗？"

她对我说："那你一会儿开车送我去商场吧。"

我说："好，不过我们俩先回家吃饭，奶奶已经做好饭了，正等着我们呢。"我就这样避免了一场亲子冲突。

吃完饭之后，我让晓禾快点收拾一下，准备去商场了。弟弟一听我们俩要去商场，就要求跟着我们俩一起去商场。但是弟弟还没写完作业。要是以前，我一定不允许弟弟在没写完作业的情况下就出去溜达。今天我转念一想，如果我只带着老大去商场，不带着老二去商场，老二肯定会感到委屈。我就说："弟弟可以跟着我一起去商场。但是我有一个要求，弟弟和姐姐只有15分钟挑选东西的时间，弟弟可以用自己的钱买东西，我们要在1个小时之内返回家中，不能耽误弟弟写作业。"

从商场返回家后，晓禾开始包装她的礼物，她还兴奋地跟我说学校里的事：某某把别人的杯子摔坏了，既不说对不起，又不想赔偿，她和几个同学一起要求某某赔偿，因为言辞激烈、气势逼人，被某某说成是校霸团伙。

我听了晓禾的话，忍不住对她说："语言的杀伤力是非常大的。本来占理的事情，因为你的表达方式有问题，你就成了施暴者……"我对晓禾说了一堆之后发现自己又说多了，赶紧闭嘴。还好，晓禾没什么特别的反应，做完自己的事后就回自己的房间了。

晚上，她没有上交手机，又拿着手机在自己房间里玩。我不知道她到底几点睡的。

教育顾问点评

"今天我转念一想，如果我只带着老大去商场，不带着老二去商场，老二肯定会感到委屈。"晓禾妈妈，当我看到你写的这句话时，我觉得你现在的状态非常好，你已经能从心理的层面去体谅、理解孩子了。

人们都希望得到他人的理解与体谅，这是人类的本性。士为知己者死，就是对这种本性最好的诠释。同样的，孩子也希望得到父母的理解与体谅。如果孩子能得到父母的理解与体谅，那他就很可能是一个开心的、听话的、爱学习的孩子，就不大可能和父母对着干。

晓禾妈妈、晓禾爸爸，你们俩目前的状态都很好，一定要坚持下去。或许你们俩不一定觉得自己现在的状态很好。而我认为，判断一件事情的好坏，既要基于自己对现实的判断，又要基于自己对未来发展的预期。

我问晓禾的父母："目前你们俩对晓禾的预期小目标是什么呢？"

晓禾爸爸说："我的预期小目标是孩子基本能控制住自己的情绪和行为，减少失控的行为。"

晓禾妈妈说："我的预期小目标是孩子能够真正地做到与他人交流，认真地倾听外界的声音，而不是一味地排斥他人。孩子现在根本不听别人说什么，更谈不上明辨是非了。我希望孩子能够认真地倾听别人的说话内容，仔细分析判断之后做出选择。我希望孩子能够控制住自己的情绪。我不知道孩子为什么特别爱生气。如果别人的哪句话说得不对，孩子说翻脸就翻脸，各种挑剔别人，讲歪理。"

改变，真的这么快吗

2022 年 12 月 14 日 妈妈日记

今天早晨还是晓禾爸爸叫晓禾起床。难得的是晓禾爸爸一叫晓禾，晓禾就起床了。晓禾一边吃早饭，一边玩手机，时间有点紧张，但她还是决定自己坐公交车去上学，走了一段距离之后，她觉得时间真的来不及了，就给我打电话，让我帮她打一辆出租车。我就给她打了一辆出租车。

晚上，晓禾突然说想去姥姥家看猫。晓禾爸爸竟然主动说，他可以开车送晓禾。晓禾很高兴，迅速收拾完毕，就跟着爸爸一起去姥姥家了。看来，以前晓禾之所以磨蹭，是因为她自己不想快啊！

教育顾问点评

"难得的是晓禾爸爸一叫晓禾，晓禾就起床了。"晓禾妈妈，你觉得晓禾为什么会有这种变化呢？是因为她突然长大了、懂事了，还是因为别的呢？

我觉得晓禾是因为她自己已经好几天没有被唠叨、责骂了，这对她来说是一种全新的体验，就好比她一直喝难以下咽的盐碱水，突然尝到清甜的山泉水一样，不敢说她会心旷神怡，但她现在的心情肯定比之前的心情更愉悦。

"晓禾爸爸竟然主动说，他可以开车送晓禾。"为什么晓禾爸爸变得这么主动了？我想，人心都是肉长的，晓禾爸爸一定感受到了晓禾的变化。晓禾爸爸可能还不太确定或者不敢相信晓禾的这种变化。父母首先做出了调整和改变，在短时间内就看到了孩子的良好表现，看到了孩子的积极反馈，这就是一种良性的相互激发模式。

晓禾爸爸、晓禾妈妈，你们回想一下，这种良性的相互激发模式，是不是和之前的亲子互动模式完全不同啊？通过这几天的日记，我已经看到了晓禾身上的多个优点。晓禾爸爸、晓禾妈妈，你们俩能说说晓禾的优点吗？

孩子体验不到爱，还会感恩吗

2022 年 12 月 15 日 妈妈日记

晓禾昨天晚上住在了姥姥家。一早，我跟晓禾姥姥视频，晓禾姥姥说昨晚晓禾睡得挺早，今早起得也挺早，按时吃了早饭，还热情地跟姥爷互动。

近几年，我们每次来姥姥家时，晓禾都会找各种借口不来。我觉得这次晓禾之所以主动来看她姥姥，是因为她感到了愧疚。她是姥姥姥爷一手带大的，却多次不来看姥姥姥爷。姥姥姥爷肯定很伤心，或许还感到很失望。晓禾是一个聪明的孩子，她对此心知肚明。

吃过早饭，我开车去晓禾姥姥家给晓禾送课本，因为昨晚她走得太匆忙，没有带课本。我顺便再给两个老人送点备用药和生活物资。随着年龄的增长，我越发觉得自己的父母是多么脆弱，多么需要儿女的照顾。父母总是那样小心又谨慎，害怕给孩子们添麻烦，害怕自己被孩子们嫌弃，害怕孩子们不再需要自己，努力地做好一切，不惜一切代价地帮助孩子们。

父母对子女的爱是始终如一的，而子女只有成为父母以后才能真正理解父母的爱。子女给父母的爱永远无法与父母给子女的爱相比。现在晓禾还体会不到我对她的爱。也许等晓禾成为妈妈之后才能理解我，这就是生命的轮回。

教育顾问点评

俗话说："不养儿不知父母恩。"晓禾妈妈，你知道这个"知"是哪个层面的"知"吗？你知道有多少人在养了孩子之后也不知父母恩吗？

这个"知"，不是冷冰冰的认知层面、理智层面，而是热乎乎的体验层面、情感层面。我们在为人父母之后，在体验了养育孩子的辛苦之后，某一天望着年迈的父母，我们的胸腔可能会突然地被父母的爱充满，我们会在一瞬间"知"了父母恩。

如果一个人从小到大都没有体验过父爱和母爱，在有了孩子后，他会"知"父母恩吗？

有的人可能会说："哪有父母不爱孩子的？"这世上还真的有不爱孩子的父母。除此之外，有相当一部分父母，他们确实有爱孩子的心，却没有具备爱孩子的能力，他们爱孩子的方式不仅没有让孩子体会到爱，反而扭曲了孩子的心灵，让孩子变得冷漠无情。

晓禾妈妈，我相信，每当你想起父母、看到父母的时候，心里一定是暖融融的。那些从未体验过父母之爱的孩子，在长大以后，想起父母、看到父母时，会有怎样的情感体验呢？我觉得他们的内心是冰冷的，甚至含有恨和敌意。这样的他们怎么可能感恩自己的父母呢？

晓禾妈妈，你一定要清楚地知道，爱孩子的心和爱孩子的能力是两回事。爱孩子的心很重要，让孩子体验到父母之爱更重要。

把我们的孩子教育好，让我们的孩子健康快乐地长大，这也许就是我们对父母之爱的最大回馈，因为我们不仅让父母的基因得以延续，还让父母之爱得到了延续。

也许等我们的孩子成为父母之后，他才能理解我们，这也许就是生命的轮回。

比病毒更可怕的是漠视孩子的成长规律

2022 年 12 月 16 日 妈妈日记

一早我开车去姥姥家接晓禾回家。到家后，晓禾就迅速地走进自己的房间里，关门上锁。我本想问问晓禾有没有好好上课，是不是又玩手机了。认真思考了一会儿，我最终忍住没问她，因为我知道，即使我问她了，也是白问，她不会正面回答我的问题。就全凭她自己自觉吧。奶奶做好了午饭。晓禾说："我不饿，早晨我姥姥给我做的馅饼，我吃多了。"我就没再劝她吃午饭。等到下午的时候，晓禾对我说她难受。我一摸她的额头，是滚烫的，我估计她是中招（被新型冠状病毒感染）了。

虽然我知道大家早晚都要阳（被新型冠状病毒感染），但是轮到自己孩子阳了，我依然感觉这事是那么突然、那么不可思议。我们抗争了三年的可怕病毒，这一刻就在我孩子的身上。

我好像突然之间变得精力充沛起来，马上开始用消毒液擦地，用消毒液喷洒可能被污染的地方，给晓禾吃退烧药，喝温水，物理降温。忙完这些之后，我感觉自己的头好痛，心想："莫不是我也中招了？"如果我也阳了就糟了，一家老小该怎么办呢？

晚上我又是一顿忙活，晓禾总算退烧了。我不知道晓禾的身体需要几天才能恢复正常。就这样吧，风雨总会过去的。至于上什么课啊，考什么试啊，现在都不重要了。这场疫情马上就要过去了。打完这最后一仗，我们将迎来最终的胜利。

教育顾问点评

"这场疫情马上就要过去了。打完这最后一仗，我们将迎来最终的胜利。"晓禾妈妈，对于你的这个判断或者感悟，我非常认同。自从你写日记以来，我对你的三观都非常认同。你不抱怨，对孩子能忍则忍，对朋友有爱心，对老人有孝心，也做好了应对这场疫情的准备。我们都期盼这场疫情早日结束。

接下来我想借助这场疫情说说孩子的教育问题。

为什么我们要与病毒抗争呢？我们又是怎样抗争的呢？简单地说，我们先认清了病毒的真相，然后权衡利弊，做出了有针对性的应对措施。"最终的胜利"不是静待花开的结果，也不是胡乱干预的结果。晓禾妈妈，其实教育孩子和应对疫情的底层逻辑是一致的。想要教育好孩子，就要先了解孩子的成长规律，权衡利弊，用具体、有效的方法帮助孩子成长。

"我本想问问晓禾有没有好好上课，是不是又玩手机了。认真思考了一会儿，我最终忍住没问她，因为我知道，即使我问她了，也是白问，她不会正面回答我的问题。"晓禾妈妈，学习这件事只能凭孩子自觉，当孩子不想学或者学不进去的时候，即使你天天盯着她，也没有任何作用。

晓禾妈妈，在现阶段，你先不要过分纠结孩子玩手机的问题，也不要过分纠结孩子的学习，你需要让家庭氛围变得温馨和睦，让亲子关系变得和谐。我觉得你现在需要做的是，能忍就忍，尽量不唠叨孩子、不催促孩子、不指责孩子。

孩子走进了虚拟世界

2022 年 12 月 17 日 妈妈日记

今天是周末，除了晓禾爸爸以外，大家都起得比较晚。晓禾爸爸早起跑了 12 公里（千米）。晓禾爸爸说，他要用好身体抵抗病毒。

昨天半夜两点我去晓禾的房间给晓禾测体温，发现她睡得很熟，也不发热了，我这才安心地睡了。今早，我给晓禾测体温，36.5℃，并且体温正常的时间超过了 12 个小时，我觉得她基本控制住了发烧的症状。接下来晓禾只需要应对嗓子的症状了。

早晨，我让晓禾喝了一碗西红柿鸡蛋面，又让她吃了半个梨和半个橙子，清热润肺，补充维生素 C。整个上午晓禾的状态都很好，她还和自己的小伙伴一起在线上打网络游戏。虽然她关着自己房间的门，但是她大喊大叫的声音时不时地传到我的耳朵里。看来她的身体已经恢复得差不多了。

教育顾问点评

"整个上午晓禾的状态都很好，她还和自己的小伙伴一起在线上打网络游戏。虽然她关着自己房间的门，但是她大喊大叫的声音依然时不时地传到我的耳朵里。看来她的身体已经恢复得差不多了。"

晓禾妈妈，你的这些描述完全出乎了我的预料。在孩子生病的情况下，大部分父母不会再关注孩子的学习，但只要孩子的身体有所好转，有的父母就将自己的注意力转移到孩子的学习上。看到孩子玩游戏，有的父母即使嘴上不说什么，也会在心里责骂孩子："就光知道玩游戏，就不能学习一会儿？！"

晓禾妈妈，我昨天就跟你说，不要过分纠结孩子玩手机的问题，今天我就给你说一说为什么。

笼统地说，如果一个孩子在现实世界里体验不到价值感、成就感、归属感，他就会向虚拟世界靠拢，最终沉迷在虚拟世界里。如果父母想让孩子从虚拟世界里走出来，就必须让孩子在现实世界里得到满足，而这个过程必然是漫长的。

如果父母过分地关注孩子的学习成绩、学习习惯等，就容易看到孩子的错误与不足，继而感到难受、焦虑，甚至火冒三丈。除此之外，父母还会对孩子做些什么呢？唠叨孩子，指责孩子，打骂孩子。如果父母这样做，会对孩子产生哪些影响呢？

如果孩子感到难受，又怎么可能愿意学习呢？如果孩子不愿意学习，又怎么可能有很高的学习效率呢？如果孩子的学习成绩不理想，孩子就无法获得价值感、成就感、归属感。

有的父母认为，孩子做对的那些都是应该的，做错的那些都是因为孩子粗心、不长记性，都是因为孩子不知道努力、不求上进。如果孩子整天被父母训一顿、吼一顿，怎么会有学习的劲头呢？怎么会有奋斗的动力呢？怎么会有良好的亲子关系呢？

如果孩子整日被父母训斥，又怎么可能会喜欢父母呢？反过来，如果父母整日看着孩子吊儿郎当，学习成绩差，还屡教不改，多次顶嘴，又怎么会咽下这口气呢？如此一来，恶性循环就开始了。

妈妈，为什么你那么愤怒

2022 年 12 月 18 日 妈妈日记

今天是周日，我提前预约了医生给儿子做一个全面的测评。恰逢特殊时期，医院里没有多少患者，各项检查都做得很快。医生对检查结果做了详细的解读。测评结果比我预想的要好些。虽然儿子只是一个智商一般的孩子，但是我感觉非常开心。经历了这么多事情以后，我逐渐降低了对孩子们的期待，现在的我只期待孩子们身体健康，心智正常，普普通通地过一生就好。

此刻的我看着儿子，心里有一种说不出的欢喜。我拉着儿子的小手，他感受到了我的爱，紧紧地靠着我。我老公也满眼疼爱地看着儿子。此时此刻，爱在我们中间鲜活地流动着，像一个大磁场，把我们紧紧地包围着。

想起昨天早上我跟我老公的对话。我老公对我说："我周日有事情需要处理。"我对我老公说："我们这周日要带儿子去医院做测评。就因为我想让你一起去才特意约的周日。"我老公反问我："我有必要跟着你们俩一起去吗？"那一刻我的情绪瞬间就要爆发了，我真想对我老公怒吼："孩子是我一个人的吗？你难道不担心孩子吗？你这么喜欢孩子，那么爱孩子，就只是用嘴说的吗？你怎么那么自私，只想着自己的事！"这是我以前的表达方式——语言犀利刻薄，针针见血。以前的我会毫不犹豫地大声吼出来，任由我的愤怒喷涌而出。今天的我已经知道：这是一种无效的表达方式，是一种破坏性的表达方式，无益于问题的解决。

现在的我强压住怒火，问我老公："事情有轻重缓急。处理自己的事情和陪儿子去医院，你觉得哪件事情更重要呢？你是怎么区分事情的轻重缓急的？我就想知道你是怎么想的。"

我老公一听我这样说，愣了一会儿。我感受到了我老公的愤怒。我老公也在尽量调整自己的情绪，对我说："我知道了。"

我不知道自己为什么会那么愤怒。

教育顾问点评

晓禾妈妈，愤怒是一种很重要的情绪。我们会在什么样的情况下感到愤怒呢？需要满足以下两个条件：

第一个条件是我们的边界、我们的利益、我们的人身安全等受到了侵犯；

第二个条件是"来犯之敌"没有我们的力量强大。

如果一只猫把你的手机扔进了垃圾桶，你就会感到愤怒。如果这只猫把别人的手机扔掉了，那你或许感觉这只猫很好玩。如果扔你手机的不是一只猫，而是一只老虎，你还会感到愤怒吗？面对老虎，你可能会感到恐惧。

愤怒的情绪是支持战斗的，目的是要把"来犯之敌"打败、打跑，因此"语言犀利刻薄，针针见血"也就不足为怪了。

恐惧的情绪是支持逃跑、投降的，目的是保命，委曲求全也就成了必然之选。

幼小的孩子会对父母表现出愤怒的情绪吗？一般不会。幼小的孩子在面对父母时，感受更多的是恐惧。"听话"就是很多孩子自保的手段之一。

为什么有的孩子一到了青春期就开始逆反呢？因为青春期的孩子比之

前更有力量了，能和父母势均力敌了，不再对父母怀有恐惧情绪了。

有的父母控制不住自己的愤怒情绪，一看到孩子不听话、学习不认真、考试成绩不理想就训斥孩子。如果你问这些父母为什么总是发火啊，他们一定会说孩子不听话，都快被孩子气死了！

有的孩子确实不听话，不追求上进，但这一定不是父母频繁对孩子发火的主要原因。主要原因是什么呢？我认为主要原因是父母在面对孩子时，有一种恃强凌弱的感觉。如果你不相信，就可以观察那些动不动就会对孩子发火的父母：他们敢随便朝别人发火吗？

当孩子、老公侵犯我们边界的时候，我们作为母亲、作为妻子，该怎样做才更有利于问题的解决呢？不让"愤怒喷涌而出"，克制地表达自己的想法，就像晓禾妈妈对自己的老公说的"事情有轻重缓急。处理自己的事情和陪儿子去医院，你觉得哪件事情更重要呢？你是怎么区分事情的轻重缓急的？我就想知道你是怎么想的"。

晓禾妈妈，如果你没有强压住怒火，而是像往常一样大声地吼出来，你还会有"此时此刻，爱在我们中间鲜活地流动着，像一个大磁场，把我们紧紧地包围着"的美好体验吗？肯定不会有。

所以有时我们忍一忍，可能会换来意想不到的好结果。

孩子，你是在孤军奋战吗

昨夜的失眠导致我今天精神恍惚，我感觉自己的心脏跳得不正常，强撑着陪儿子上了两节网课，感觉自己的身体非常地难受，就回自己的床上补觉了。

我刚躺下一会儿，我老公就给我打电话说："我觉得自己发烧了。"我对我老公说："那你快回家吧，我给你测一测。"在这波疫情中，我又有一个家人倒下了。屋漏偏逢连夜雨，船迟又遇打头风啊！我怎么连睡一觉缓口气的机会都没有呢？

下午，又一个坏消息传来，我妈妈也发烧了。傍晚，我爸爸也发烧了。我都有点儿崩溃了。庆幸的是我婆婆和我儿子还没有被感染，他们俩暂时不用我操心。我老公让我去照顾我爸妈，他说："我能照顾好自己，再说我妈会照顾我。"我老公还想陪我一起去照顾我爸妈，被我阻止了。对于老公的心意，我心领了，但是他跟着我一起去只会添乱。

我先去菜市场买了一些蔬菜、水果等，确保我们即使几天不出门采购食材也不会饿到。到了我妈家，我爸和我妈的精神状态还不错，我妈刚刚退烧，我爸有点儿低烧。我爸安慰我说："你不要紧张，我们国家现在已经有了成熟可靠的应对方法，你要相信国家的决策。"最终我爸妈没让我留下来陪他们，而是让我回自己的家照顾一家老小。

我又开车回家了，安顿好一家老老少少，我要吃一片安眠药，把我缺的觉补回来，明天好继续战斗。

教育顾问点评

晓禾妈妈，当灾难突然降临的时候，是什么在支撑你奋力抗争的呢？是为人妻、为人母、为人儿女的责任和爱。在这种时候，即使周围的人不理解、不支持我们，即使再苦再累，我们也会义无反顾地去做我们该做的事情。

现实是，婆婆、爸爸、妈妈、老公，甚至那个让你曾经头疼无比的女儿，也都在用自己的方式理解你、支持你，这一定会让你觉得人世间充满了爱，一定会让你觉得自己的付出是值得的，一定会让你更有信心继续抗争下去。

晓禾妈妈，请你想一想：如果一家人不和睦，家庭成员之间缺乏基本的信任和理解，有的是相互的掣肘与争吵，有的是袖手旁观、冷语相对，你会有怎样的心境呢？

晓禾妈妈，请你再想一想：晓禾作为一个十几岁的孩子，她在成长的过程中也遇到了很大的困难，她是靠什么来解决这些困难的呢？你理解她，体谅她吗？

我实事求是、毫不客气地对你说："以前的晓禾得不到你的理解、体谅、支持和帮助，她在你的唠叨、指责、打骂中孤军奋战。"处在这种境地的晓禾会有怎样的心境呢？

晓禾妈妈，你需要好好休息，快速地恢复自己的体力。

可以有希望，但不能只有希望

今天是忙碌的一天。

我儿子今天参加线上期末考试。为了今天的考试，儿子认真地复习了一段时间，相信他今天应该能取得不错的考试成绩。我早就将试卷打印好了。老师要求孩子们要像在校考试时一样认真，不能偷看习题，也不能翻书。儿子很诚实，遇到不会做的题，即使急得抓耳挠腮，也没有偷看课本，没有作弊。我感到很欣慰。

总体来说，儿子考得不错，他很高兴。吃完晚饭后，我和儿子一起看了一场电影。

目前晓禾已经没有任何不适症状了，只是抗原检测结果还没有转阴。我让晓禾待在自己的房间里，让她在自己的房间里吃饭。这几天我没有限制她玩手机的时间，她也没有控制自己玩手机的时间。我有一些担心，我不知道晓禾这些天有没有坚持学习，也不知道晓禾有没有搞明白线上考试的流程。晓禾没有向我求助，我也没有问她具体的事情，我只是对她说："你听好老师的要求，需要我帮忙的时候就告诉我。"

我老公的身体状况逐渐好转。我希望我老公明天的状态会更好一些，希望这波疫情早点过，希望大家都有健康的身体，也希望自己不会被病毒感染。

教育顾问点评

我要给二宝鼓掌，表扬他拥有诚实的好品质。

晓禾妈妈，你和晓禾现在还有亲密接触（比如娘俩抱一抱，在一个被窝里聊天，等等）吗？这种亲密接触有助于良好亲子关系的建立与维护。

晓禾妈妈，今天我们就来聊一聊"希望"。

"希望"对于一个人来说极其重要，尤其是当一个人身处困境的时候。"希望"能给我们信心、勇气、方向以及坚持下去的力量。

但再好的东西也有适用的边界。人参的好处再多，我们也不能天天吃人参。如果"希望"超出边界，就会给人带来巨大的副作用。一些父母"望子成龙""望女成凤"，对孩子寄予了厚望。为了让自己的希望成真，有的父母就要求孩子必须完成某些事情。如果孩子没有做到一些事情，有的父母就会吼孩子、训斥孩子。

父母可以有希望，并且必须有希望。如何让孩子按照父母希望的方向发展，这是为人父母需要慎重考虑的。

如果父母只有对孩子的希望，没有任何实际、具体的行动，那就很难真正做到帮助孩子成长。

父母需要给孩子树立榜样

2022 年 12 月 21 日　妈妈日记

今天是晓禾参加线上考试的第一天。早晨我一看马上就要 8 点了，晓禾还没有起床，就忍不住去问晓禾几点考试，准备好了吗。晓禾的动作倒是挺快的，她一骨碌地爬起来，快速准备好了两台考试设备以后，就没有时间吃早饭了。就让晓禾空着肚子考试吧。一直到中午 12 点晓禾才考完试。

因为昨天弟弟已经考完试了，所以他今天特别放松，一直在跟朋友视频聊天做手工。下午晓禾还要继续参加线上考试。由于弟弟和朋友聊天的声音特别大，因此晓禾忍无可忍地出来告诉弟弟小点声，她在考试。以前碰到这种事情时，晓禾免不了会吼弟弟一顿。但今天晓禾只是让弟弟小点声。

我感到很欣慰，我觉得一切都在往好的方向发展，我现在唯一要做的就是坚持做正确的事情。

教育顾问点评

晓禾妈妈，你要继续做正确的事情。你要坚持少唠叨、不发火，坚持给孩子树立好的榜样，坚持教给孩子更有效的沟通方式。

有的父母喜欢用嘴去教孩子怎么做人，这是一个很大的教育误区。离开了父母的心平气和，离开了父母的以身作则，孩子是不可能学会情绪控制和沟通交流的。既然你和你老公都希望孩子学会情绪控制，希望孩子减少失控的行为，那你们俩不能说翻脸就翻脸。

　　如果父母一看到孩子的表现不如人意，就吼孩子一顿、骂孩子一顿，这是能够控制自己情绪的表现吗？想让孩子控制好自己的情绪，父母必须先控制好自己的情绪，给孩子树立一个好榜样。

我怎么养出了一个逆子

2022 年 12 月 22 日 爸爸日记

昨天晓禾的抗原结果转阴了。我对晓禾说："现在咱俩的身体都恢复好了。如果你妈妈病了，就需要我们俩一起照顾全家老小，你负责做饭，我负责采购。"晓禾对我说："我不太会做饭啊！我弟弟、我奶奶不一定会吃我做的饭。"我对晓禾说："我负责搞定你奶奶和你弟弟。"晓禾说行。

今天早上，在考试前，晓禾来到厨房，准备给她妈妈端饭菜。我对晓禾说："你快去准备考试吧。我来做这些就行了。"晓禾就回自己房间准备考试了。上午 10 点钟，晓禾考完了第一场。我看晓禾在玩游戏，就提醒她别忘记考试，并随口问她第二场考试的时间。晓禾对我说："我不知道，到时我同学会通知我的。"我就对晓禾说："你怎么连考试时间都不知道呢！"晓禾说她忘记了。这不是欠揍的话吗？我及时控制住了自己的情绪，不再搭理晓禾，想着她妈妈和徐老师说的话——让晓禾学着为自己的事情负责吧。

傍晚时分，奶奶做好了晚饭。晓禾一直在打游戏，既不出来帮忙端饭菜，也不出来吃饭。面对这种情况，我选择不吱声。要是以前碰到这种情况，我一定会和晓禾好好理论一番。

吃完晚饭后，我就对晓禾说："我在网上买的意大利面被送到快递站了，你下楼去取一下快递吧。"我之所以让晓禾去取快递，一是因为意大利面是她爱吃的，她去取快递的积极性会更高一些；二是因为我想看看她的表现。晓禾答应的倒是挺好的，可是执行起来却是一塌糊涂。我提醒晓禾好几次去拿快递，她都说再等一下。

最后，我晚上9点下楼去取快递，我感到非常地愤怒！晓禾太自私了，只想着她自己，她就是那种欠收拾的孩子。我应该把晓禾送到偏远地区锻炼两年，让她体会到人间疾苦，或许她就能变好了。

我取完快递回来后，坐在客厅里写这篇日记。晓禾依然在自己的房间里大呼小叫的。我告诉她小点声，控制音量，不要影响奶奶休息。晓禾听到以后，迟迟不降低自己的声音。

要是以前，我一定会和晓禾好好理论一番。如果晓禾不听我的话，我就揍她。现在的我只能强压住自己的怒火。

明天我就没收晓禾的手机。如果晓禾没有了手机，她就没有了玩游戏的设备。

晓禾总是反复无常，不讲信用，一不高兴就翻脸，对父母毫无感恩之情。我怎么会有她这样的逆子呢？

教育顾问点评

晓禾爸爸，你很坦诚，把所思所想都如实地记录下来了。作为一个父亲，我非常理解你的感受。但接下来，我就不能附和你了，因为附和你无益于问题的解决。

父母在养育孩子的过程中，容易犯以下四个错误：

第一个错误是当孩子正常的时候，父母总是担心孩子。有人说，担心就是诅咒。其实，担心不是诅咒。过分担心会导致人们的言行失当，这是孩子把父母的担心变成现实的一个原因。

第二个错误是即使孩子非常普通，父母也对孩子充满了期望。有的父母对孩子只有期望，却没有与期望相匹配的教育方法。如果我们把孩子当作运动员，把父母当作教练，那么教练希望运动员夺冠是合情合理的。而区分教练水平高低的指标之一就是他能不能让运动员一步一步地具备夺冠的能力。

第三个错误是父母总把孩子当作一个孩子，总想给孩子无微不至的照顾，总想让孩子避开所有的障碍物。任何人，包括孩子，如果从别人那里过多地索取，就容易将别人的给予和帮助当作理所当然。如果索取是理所当然的，孩子当然就"无恩可感"了。

第四个错误是当孩子因为父母错误的教养方式而出现问题的时候，父母还总是用各种错误的标准来要求孩子。如果孩子的身体病了，大部分父母能够接受现实。可如果孩子的心理病了，有的父母就不能接受现实。

其实，孩子讨厌学习、迷恋手机、情绪不稳定、和父母对着干等等，都是因为孩子的心理出现了问题。当父母看到孩子的心理出现"症状"的时候，父母应该像看到孩子发烧一样着急，而不应该产生一种"恨铁不成钢"的愤怒。

认清现实，接受现实，以现实为基础，做好有效的应对措施，这不是多么难做的事情，可为什么有的父母做不到呢？因为他们对孩子有过高的期望，在期望落空之后，就容易深陷在恐惧与愤怒之中。

晓禾爸爸，请你先忍一忍吧，如果你在现阶段做不到忍耐，就容易"小不忍则乱大谋"。什么是"大谋"呢？就是孩子回归正轨，回归主流，逐渐成为一个通情达理、懂得感恩、追求上进的好孩子。

为什么不能限制孩子使用电子产品

上午我先粗略地看了一遍徐老师对昨天日记的点评，然后又仔细地看了一遍。看完徐老师的点评后，我的内心是极其不舒服的，甚至有些愤怒，同时还有一种无奈之感。理智告诉我，应该接受徐老师的建议。

最近我在读一本有关中国历史的书，似乎洞悉了中华文化的精髓。我特别希望徐老师能多读一些有关中华文化的书，利用中华文化的力量改变孩子们。如果父母精通中国传统文化，就能在教育孩子方面做到游刃有余。

上午晓禾一直在玩平板电脑。马上中午 12 点了，我对晓禾说："姑娘，你在用平板电脑打游戏吗？"晓禾说："没有。"我说："我用一下平板电脑。"晓禾就把平板电脑递给了我，也没说不同意的话。

我想：既然我已经将平板电脑要过来了，就不想再把平板电脑给晓禾了。因为我发现，只要晓禾一玩平板电脑，她就什么都不管不顾。我和晓禾多次因为这个平板电脑发生冲突。如果我把这个平板电脑带到单位，当作工作电脑使用，晓禾也没有反对的理由，这样就可以减少亲子冲突。可是晓禾妈妈不同意我这样做，徐老师也不同意我这样做。无奈，我只能选择不没收晓禾的平板电脑。

我不知道为什么晓禾妈妈和徐老师都这么没有原则。不是要求父母在面对孩子时要坚持原则吗？

教育顾问点评

关于孩子使用手机、平板电脑的问题，我想说得再仔细一点。

如果你今天就收了孩子的平板电脑，会有什么样的结果呢？孩子从此就"温良恭俭让"了吗？孩子从此就自强不息了吗？我觉得这是不大可能的。

没有了平板电脑，孩子会少玩一会儿吗？如果孩子的心里憋着气，又怎么可能有心情去干正事呢？大部分孩子正是因为讨厌学习才迷恋手机或平板电脑的。

如果父母禁止孩子玩平板电脑，孩子就可能会偷偷地玩手机。面对这种情况，父母应该怎么办呢？是听之任之，还是一不做二不休，连手机也没收了呢？

当一个孩子在现实世界中体验不到乐趣、价值感、成就感、归属感的时候，当一个孩子和父母的关系势如水火的时候，当一个孩子无人诉说、无人理解的时候，手机、平板电脑就是他的避难所、麻醉剂，就是他赖以生存的精神食粮。孩子会轻易地放弃手机、平板电脑吗？

如果父母强硬地限制孩子使用电子产品，那么结果可能是，孩子会继续"摆烂"，而且会"越来越烂"，他会想尽一切办法让整个家变得鸡犬不宁。这时候的父母又该怎么办呢？打骂孩子吗？父母的打骂对孩子来说又有什么意义呢！

现在我们之所以暂时不没收孩子的手机、平板电脑，就是因为我们了解孩子的心理规律和行为规律，就是因为我们想要争取一些时间，以便修复破裂的亲子关系。在良好亲子关系的基础之上，我们就有办法让孩子在现实世界中体验到乐趣、价值感、成就感、归属感等。如果我们不能帮孩子在现实的世界中体验到乐趣、价值感、成就感、归属感等，那么孩子离开虚拟世界的可能性就小了。

晓禾爸爸，对于传统中华文化，我确实涉猎不深。以我对传统中华文化粗浅的理解，我觉得任何人都离不开"己所不欲，勿施于人""行有不得，反求诸己"等行为准则。作为父母，应该给孩子树立一个好榜样，让孩子找到努力的方向。

挑毛病，就满眼都是毛病

今天我睁开眼之后的第一件事情就是读徐老师对我上一篇日记的点评，认真思考徐老师的观点。对于徐老师所说的某些观点，我还是有些不赞同。可是从治病救人的角度来说，我必须认同徐老师，必须配合徐老师。

上午晓禾妈妈对我说，她要带晓禾去做心理疏导，对此，我没有意见。但是晓禾妈妈又对我说："你生在新社会，长在红旗下，怎么就是一个顽固不化、因循守旧的人呢？我觉得你也应该去做心理疏导。"我不愿意和晓禾妈妈理论，就选择了沉默。

上午晓禾依旧将自己关在房间里，我也没吱声。

下午我打算去给晓禾的姥爷姥姥送一些药、蔬菜、水果等物品。临走前，我隔着门对晓禾说："我不在家的时候，你照看一下你妈妈。"晓禾"嗯"了一声，算是答应了。

我早就对晓禾说："你没事儿就出来帮你奶奶干点活，你奶奶岁数大了，还要每天做三顿饭，不能再让她累着了。"可是晓禾什么都没有做。这个孩子怎么会如此地冷漠无情呢？

送完东西之后，我在回家的路上给晓禾打电话，第一次打过去晓禾没接，第二次打过去晓禾接了。我主要对晓禾说了两件事情。第一件事情是姥爷嫌小猫太淘气了，不想养了，问她如何处理。她说她可以养这只小猫。我说好，明天上午我就将小猫接回来。她说行。我让她负责给小猫铲屎、洗澡等工作，她表示同意。第二件事情是我让她陪奶奶一起过生日。我对她说："奶奶今天过生日，你妈妈和我因为被病毒感染了，无法陪奶奶过生日，晚上你陪奶奶一起吃饭吧。"这时我明显听到了游戏开始的声音，她也因此表现出了不耐烦的样子。我对她说："如果你愿意陪奶奶过生日，你就陪。如果你不愿意陪奶奶过生日，我们就后补吧。"听我说完后，她就挂断了电话。

回到家里后，我得知晓禾又把平板电脑拿到手里了，我没对她说什么话。

整个晚上，晓禾都待在自己的房间里，也不知道关心一下奶奶和妈妈。我认为，无论什么人、什么事都不会影响晓禾玩平板电脑的欲望，她一旦玩起平板电脑来，就根本不管亲情或友情。是什么原因让她如此自私和无情呢？

教育顾问点评

晓禾爸爸，我深知，让一个老男人、老父亲承认自己在教育孩子方面的过错，这是很难的，因为承认错误就等于否定自己。快五十岁的人了，还要承担没把孩子教育好的责任，多少有点放不下自己的脸面。

但事情就是这么奇怪，当我们咬咬牙、跺跺脚骂一句"老子认了"的时候，当我们暂时放下脸面去正视现实的时候，离问题的真正解决就不远了。

晓禾爸爸，之前我就说过，用造成问题的思维方式不可能解决问题。从今天开始我们就需要换一个解决问题的思路。之前的日子，你和晓禾妈妈看到的、关注的都是晓禾的缺点或毛病，从今天开始，你每天需要发现并记录晓禾的一个优点或长处。

任何转变，在刚开始时都是比较困难的，你要做好思想准备。

爸爸妈妈，有话需要好好说

2022 年 12 月 25 日 妈妈日记

今天是我被新冠病毒感染的第四天，我的精神状态一直不太好，属于比较重的感染类型。

晓禾还是老样子。奶奶做好了饭，叫晓禾出来吃饭，喊了晓禾好几遍，晓禾都不应声，也不出来吃饭，也没有给我和我老公送饭。这两天，我老公已经不再对晓禾抱有期望了。

下午的时候，我给晓禾发微信说："我想看会儿电视剧，你能让我用一会儿平板电脑吗？"晓禾回复我说："不行，我叫了朋友来家里玩游戏。"我告诉晓禾："现在是特殊时期，家家都有病号，最好不要串门。"她说她同学抗原结果转阴了，没关系。

我也不好再多说什么，因为我知道即使我说得再多，晓禾也不会相信，她只会认为我不愿意让她的朋友来我家。

两个多小时后，晓禾主动地把平板电脑给我送来了。我心想，她不是一点都不在乎别人的感受，她还是愿意满足他人的需求的。

在吃晚饭前，晓禾和她的朋友在客厅里打印东西。我和我老公听到晓禾对她的朋友说："明天就开始上网课了，我不想上网课，就算上网课，我也是该睡觉的睡觉，该打游戏的打游戏。"我和我老公听到晓禾这样说，也没有对晓禾说什么，就当作没听见。以前的我和我老公肯定会就此教育晓禾一番。现在的我们采取了冷处理的方式，这就是我们俩的进步之处吧。

晓禾已经是十几岁的大姑娘了，她已经具备了一些判断是非对错的能力，她也一定知道怎么做才是对的。至于她为什么这样对朋友说，我觉得这背后多少有一种吹牛的炫耀感，也许还有她对我和我老公的轻视与挑衅。不管怎样，我和我老公都忍住没问晓禾，也就没着了她的道。

我和我老公今天达成了一个共识，就是我们要改变自己的表达方式。在说一件事的时候，以前的我们总是带着指责和命令的语气，比如"小宝，你把书堆了一地，一会儿你要给我收拾干净了"。这种命令式的语气让孩子感到很不舒服。以后我和我老公争取做到只表达事实情况，不带有指责和命令的语气。从今往后，我和我老公就互相提醒，互相监督。我觉得父母好好说话，对孩子的成长来说是有积极意义的。

教育顾问点评

晓禾妈妈，转变自己错误的表达方式对孩子的成长来说是非常有意义的。家庭教育的最大难点就是反馈周期超长。这是什么意思呢？就是如果父母的教育理念、教育方法是错的，那么这种错误所造成的后果要等几年后才会在孩子的身上体现出来。

父母错误的教养方式，比如唠叨、指责、打骂等，一次两次，甚至一年两年，尤其是在孩子小的时候，都不会导致明显的恶果。如果父母继续唠叨、指责、打骂孩子，孩子就基本上不会回归正轨了。

但这种错误教养方式的恶果在孩子进入青春期之后会显现出来，孩子会有以下的问题：自理能力差，没有良好的学习习惯，不听话、顶嘴，沉迷网络游戏，等等。

我们都希望得到他人的尊重，都希望得到他人的认可与鼓励。当我们的希望得到满足的时候，我们的内心就是满足的，就是舒服的，就能集中精力学习或工作。反之，当我们整天被别人呼来喝去的时候，我们的内心就是憋屈的，就是难受的，除了选择对抗以外，可能就没有其他选择了。

晓禾妈妈，你和你老公对晓禾态度的转变，的确是很大的进步。昨天我就跟你老公说，在现阶段，不能再盯着晓禾的缺点或短处，要逼着自己去发现晓禾的优点或长处。如果你和你老公能及时地认可、表扬晓禾，那就更好了。

孩子需要为家庭、为父母做些好事

下午的时候我的身体状态稍微好了一些。晓禾来到我的卧室，问我："妈妈，你怎么样了？"我说："我口干舌燥，想吃一个梨。"晓禾说："没有了。"我说："还有苹果吗？"晓禾说也没有了，我就没再问。晓禾说："那我出去给你买一些水果吧。"我说："好吧，妈妈给你转钱，你出去买。你想吃什么，就再买点什么。"

说实话，我是一个宁愿委屈自己也不愿意给别人添麻烦的人。我对谁都是如此。以前的我会对晓禾说："算了，等我的病好了，我自己去买吧。"但这次，我没有跟晓禾客气，我怕她真的不去给我买水果了。我并不是迫切地想要吃水果，我是怕失去晓禾为我做事的机会。我想借助此事证明晓禾是爱我的，她是一个孝顺父母的好孩子。也许是因为我对晓禾以往的表现失望过，也许是因为我怀疑过晓禾的孝心，我特别希望晓禾能出去为我买水果。

过了好一会儿，我听见晓禾出门了。一段时间后，晓禾回家了，她买了一些梨，还特意给弟弟买了一袋果冻。弟弟开心坏了。晓禾把削好的梨端到我的房间里，我有一些感动。我应该对晓禾说一些表扬、感谢的话，但我忘了说，这都是因为我欠缺表达爱的能力。

晓禾的表现证明了她不是一个无情无意、不懂感恩的孩子。晓禾之所以被我们认为是一个坏孩子，也许是因为晓禾表达爱的方式和我们期待的有差距，也许是因为我们放大了她那些所谓自私与不孝的行为，也许是因为我们没有教给她表达爱的方式。总之，我和我老公都应该反思一下自己。

晚上，我老公非常气愤地对我说："刚才我跟晓禾说话，她就好像没听见一样，完全无视我。她就是不知道孝顺父母，不懂得感恩。我真的很生气。"

我问我老公："你能原谅那个曾经狠狠伤害过你的人吗？你会将过去的积怨一笔勾销吗？"

我老公明白我话里的意思，反驳道："对父母和对外人能一样吗？"我老公的言外之意就是，无论父母怎么伤害孩子，孩子都应该原谅父母。

我不认同我老公的这个观点。我认为，如果有人伤害了我，我能做到不再跟他计较，但肯定做不到完全遗忘，也不可能当作什么事都没发生过。在这个问题上，我和我老公存在着很大的分歧。

之前，我老公和晓禾发生了剧烈的亲子冲突，我老公一气之下动手打了晓禾。这件事给晓禾造成了巨大的心理伤害。这不是说消除就能消除的心理伤害。但我老公认为，他都承诺以后不再打晓禾了，晓禾就应该选择原谅他，就应该和他和好如初。我老公说："我打晓禾是有原因的。再说了，爹打孩子，天经地义，孩子还能记仇吗？"

在孩子是否应该忘记亲人对自己的伤害这个问题上，我希望徐老师给我们一些指导和建议。

教育顾问点评

晓禾妈妈，说实在的，你这种宁愿委屈自己也不愿意给别人添麻烦的性格不利于孩子的健康成长。还好，你现在已经意识到了问题所在。

"我并不是迫切地想要吃水果，我是怕失去晓禾为我做事的机会。我想借助此事证明晓禾是爱我的，她是一个孝顺父母的好孩子。"孩子确实需要为父母做事的机会，并且需要很多次这样的机会。

如果我们能为他人做一件好事，就能得到他人的认可与鼓励。我们也会因为做了某件好事而认可自我。

如果一个孩子从小到大都过着"衣来伸手，饭来张口"的日子，从来没有机会承担家庭责任，从来没有为家人做一些力所能及的事情，那么这个孩子就丧失了被父母认可的机会，就无法获得价值感、成就感、归属感。

千万不要以为那些衣食无忧的"小公主""小王子"活得多么轻松、多么幸福。一个不被家庭、不被他人需要的人，内心大多是痛苦的。我们都希望自己是一个有用的人，是一个有能力的好人，是一个被他人需要的人。

晓禾妈妈，从现在开始，你可以这样做：

（1）创造机会，让晓禾为这个家、为这个家的家庭成员做一些力所能及的事情。你可以这样对晓禾说："宝贝闺女，妈妈累了，妈妈想吃梨，你能帮我吗？""宝贝闺女，你能帮妈妈做这件事吗？""宝贝闺女，妈妈心里不舒服，你能陪妈妈说一会儿话吗？"

（2）如果晓禾没有采取行动，你就过一段时间之后再用类似的表达方式向她发出请求。

（3）如果晓禾采取了行动，你就及时地认可她、表扬她，可以用语言表达你的感谢之情，也可以拉一拉她的手或者轻轻地抱一抱她。总之，你要让晓禾在付出之后得到及时的、积极的反馈。

晓禾妈妈，关于你和你老公讨论的那个问题，我建议你们先暂时搁置争议。

首先，我们每个人的思想观念都是长时间形成的，并且我们坚信自己的这些思想观念是正确无误的。因此我们每个人都倾向于"拒绝承认自己的错误"。对方越是指责我们的错误，越是用命令的语气让我们改正错误，我们越会反抗对方。

其次，你老公已经转变很多了。如果你们俩一直纠结孩子是否应该忘记亲人对自己的伤害，这不利于解决孩子的问题。现阶段我们的指导思想是"求同存异"，你和你老公要争取做到搁置争议，在教育孩子的问题上达成共识，集中精力帮助孩子解决问题，引导孩子回归正轨。

最后，你和你老公必须拧成一股绳，心往一块想，劲往一块使。

妈妈有些灰心了

今天晓禾依然待在自己的房间里。我不知道她有没有认真上网课。

我通过校宝在线系统发现晓禾昨天没有上语文课。我昨天提醒过晓禾不要忘记上网课，只是没有像以前那样提醒她好几遍，结果正如我所料，她还是老样子。晓禾的表现让我失望。我忍不住通过微信质问晓禾为什么没上语文课，她一直没有回复我。

下午，晓禾又叫了两个同学来家里打游戏，大喊大叫。两三个小时之后，晓禾来到我的房间，问我："妈妈，你现在想吃点什么呢？我们的声音是不是太大了，影响你休息了？"我说："是啊，因为妈妈还在生病中，需要休息啊！"晓禾没说什么就出去了，给我端来了一个削好的苹果，我对晓禾表达了感谢。之后，我就没再听到吵闹的声音。

快晚上七点了，晓禾对我说："妈妈，我想和我同学一起去吃麦当劳。"以前的我肯定不会同意她此时外出就餐，因为天黑了，几个女孩子在外就餐有点危险。到了吃饭时间不在家吃饭，偏要出去吃麦当劳，这是我和我老公都认为不对的事情。但今天的我允许晓禾和她的同学一起外出就餐，并告诉她注意安全，晚上八点之前回来。因为我知道，如果我让晓禾和她的同学一起出去吃饭，她一定会很开心，我决定成人之美。

这几天我或许是因为被病毒感染，无暇顾及晓禾，晓禾的情绪相对平和、稳定，晓禾没有和家人发生冲突。我只是有一点担忧：我这样对待晓禾，是不是纵容她，算不算对她疏于管教？

教育顾问点评

晓禾妈妈，你的身体很快就会康复的。我之所以这样说，不是因为我能掐会算，而是因为我了解新型冠状病毒。

我接下来要说的是，等你的身体康复之后，如果你依然无暇顾及晓禾，那么晓禾就能很快地回到正轨。我之所以这样说，依然不是因为我能掐会算，而是因为我对孩子成长规律的了解。

我可以明确地对你说，你现在的管教方式不是纵容孩子，也不是对孩子疏于管教。你之所以会有一些担忧，只是因为你以前管得太多了。

如果我们把孩子比作一辆车，那么在孩子 6 岁之前，父母就是驾驶员，百分之百地掌握方向盘。在孩子 6 ～ 12 岁期间，父母的角色就应该由驾驶员转变成教练员，教孩子怎么开车，怎么成为一名驾驶员。在孩子 12 ～ 18 岁期间，父母的角色就应该由教练员转变成导航员，这时候掌握方向盘的就是孩子自己了。在这个阶段，如果父母依然把持着方向盘，不肯把驾驶权交给孩子，必然会遭到孩子的反抗。在孩子 18 岁之后，父母最多只能给孩子当顾问了。

有的父母，开车确实是一把好手，正因为自己的开车水平很高，所以就对孩子高标准、严要求，忘了孩子还是一个孩子，忘了任何本领都是需要学习、锻炼的。

有的父母，因为自己的驾驶水平不佳，就特别希望孩子的驾驶水平能"更上一层楼"，所以就对孩子高标准、严要求，忘了孩子的年龄和成长规律。

还有的父母，自己的驾驶水平不错，给别人的孩子当教练也不错，可就是不会教自己的孩子。这些父母动不动就指责自己的孩子，脸上永远都是一副苦大仇深的表情。

孩子今后的人生路需要孩子自己走。但前提是，父母需要让孩子掌握走路的本领，并不断地让孩子在实践当中锻炼这个本领。

如果一个孩子从小就被父母抱着长大，他没有机会学习走路，没有机会锻炼走路，那么他一辈子也学不会走路。在进入青春期之后，有的孩子一听到父母的唠叨、指责，就会感到非常愤怒，甚至拼死反抗。

有的父母，在孩子6岁之前，觉得自己的驾驶水平相当不错，自我感觉非常良好，就一直沉浸在这个驾驶员的角色中，很难完成由驾驶员到教练员的身份转变。即使孩子逼着父母转变自己的角色，有的父母也很难完成转变。父母的唠叨、指责、打骂等往往是孩子青春期逆反、厌学、沉迷网络游戏的祸根。

孩子已经长大，或者说正在长大。父母可以走以下两条路：一条路是相信孩子能很好地驾驶自己的小汽车；另一条路是教会孩子开车，让孩子熟练地掌握驾驶技术。

你能指导得了孩子吗

2022 年 12 月 28 日 妈妈日记

正如徐老师掐指算的，我今天的身体状态好了很多，相信明天会更好。

这些天晓禾都没起来吃早饭，昨天她又让自己的朋友在家里留宿了。今天晓禾和她的朋友各自都有网课。早晨，我照例提醒晓禾起床上网课，听见晓禾答应了一声，我就不再管她了。至于晓禾有没有起床，有没有上网课，我也不管了，她自己看着办吧。

晓禾还有一个非常大的问题，就是不讲信用。前几天我买了一束向日葵花，并将它们插在花瓶里。在我生病期间，晓禾没有给这些花换过水。昨天我一看这些花都烂了，就提醒晓禾将花扔掉，她当时对我说，她一会儿就将花扔掉。过了很久，我都没看见她将花扔掉。今天上午我又提醒晓禾将花扔掉，她说下午就将花扔掉。直到晚上，晓禾都没有将花扔掉。我又忍不住提醒晓禾，她听到以后也不吱声。我真想训斥她一顿，但我最终忍住了。我真的快被晓禾气死了。

我读了徐老师对我上一篇日记的点评。徐老师说，如果我依然无暇顾及晓禾，那么晓禾就能很快地回到正轨。我似乎有些理解徐老师的意思了，他希望我少干涉孩子，让孩子去做原本能做又愿意做的事情，有时孩子会偏离正确的方向，但孩子最终会找到正确的方向并调整回来。

在孩子寻找正确方向的过程中，父母需要指导和提醒孩子吗？孩子会不会因为脱离了父母的监管就更加肆无忌惮、为所欲为了呢？毕竟孩子的自控能力有限啊！

教育顾问点评

孔子曰："道之以政，齐之以刑，民免而无耻；道之以德，齐之以礼，有耻且格。"这句话的意思是，用政令来引导百姓，用刑法来整治百姓，百姓虽能免于犯罪，但无羞耻之心；用道德教导百姓，用礼教来统一百姓的言行，百姓不仅会有羞耻之心，还有归服之心。

我认为孔子的思想带有一定的理想主义色彩，"道之以德""齐之以礼"从来就没有真正实现过。如果只强调"道之以政，齐之以刑"，就会让民众不堪其扰，难以持久。如果只强调"道之以德，齐之以礼"，则不利于快速解决已经出现的问题，且容易积累各种弊端。我可以从教养孩子的方面分析一下孔子的思想。

首先，我认为，任何规矩的养成都离不开惩罚。如果父母在教养孩子的过程中只有"德"和"礼"，没有任何的"政"与"刑"，那就是溺爱孩子，孩子不仅不会"有耻且格"，还会越来越不讲信用，越来越不守规矩。

其次，如果父母在教养孩子的过程中过分、过度地使用"政"与"刑"，长此以往，孩子一定会生出反抗之心。道理很简单，如果孩子要遵守很多的规矩，动不动就受到惩罚，那么孩子遵守规矩的收益就太小了，而反抗会给孩子带来更大的收益。

再次，"政""刑"和"德""礼"是跷跷板的两头，真正的教育者从来都不会单独使用。但问题是，"政""刑"的教化效果是立竿见影的，而"德""礼"的教化效果是滞后的。没有三年五年、八年十年，我们根本就不可能看到"德""礼"的教化效果。有的父母趋向于"道之以政，齐之以刑"，而忘记了"德"与"礼"的教化作用。

如果一个公司的老板，只知道制定各种规章制度和惩罚措施，忽略了自身"德"与"礼"的修行，忽略了企业文化的建设，整天以老子自居，对员工张嘴就骂，抬手就打，那么员工会怎么应对呢?

有的孩子一进入青春期，父母的"政"与"刑"就失去了作用。父母总不能和孩子断绝关系吧，总不能打死孩子吧。"政"与"刑"对孩子失去了作用，而"德"与"礼"的缺失让孩子没有羞耻之心，在这种情况下，孩子很容易成为一个不守规矩、毫无廉耻的逆子。

孩子当然需要父母的指导和提醒，前提是父母在孩子的心目中还有威望，还有良好的形象。

孩子和父母的关系越差，就越需要朋友

在我生病期间，老爸老妈自己照顾自己，我猜他们一定难受得要命，但为了安慰我，让我放心，他们就说自己什么都能干，不用别人照顾，身体状态都很好。

今天我开车去我爸妈家。我一看我之前买的东西还剩下很多，就猜到两个老人这几天基本上没吃什么东西，俩人的身体状况都不太好，根本就吃不下，几乎没做过饭。我特别心疼我爸妈，也觉得很内疚。我作为他们的女儿，却没有照顾好他们，让他们遭这么大的罪。

我就想：为什么我的女儿晓禾就不知道心疼我呢？我让晓禾帮忙打扫卫生，她不干；我让晓禾帮忙洗碗，她不干；我让晓禾帮忙取一下快递，她不干。不是说父母做好榜样，孩子就会跟着学吗？我和我老公都非常孝顺父母，为什么我的女儿晓禾不跟着我们学呢？

我回到家时，已经快晚上八点半了。晓禾的心情挺好，问我去哪里过元旦。我对晓禾说："目前我还不确定，我本想去你姥姥家过元旦，但现在你姥姥、姥爷都生病了，我就不想去打扰他们了。"晓禾对我说："那我能不能带着我的朋友去我姥爷家过元旦呢？"我说："如果在平时你带着朋友去你姥爷家，这是完全没有问题的。但是在元旦那天，我觉得我们应该跟家人待在一起。现在你姥姥、姥爷都在生病中。如果你带着朋友去你姥爷家，那得多不方便。"晓禾对我说："没事，不用你们管，我们自己买吃的，不用给我们准备饭，我们自己在那里玩就行。"我对晓禾说："你在你姥爷家里有什么好玩的呢？为什么你非要去你姥爷家玩呢？"晓禾对我说："我只是想跟好朋友一起跨年。"

我真的无法理解晓禾，我尝试着站在她的角度去理解她，但我还是无法理解她。对于我说的那些问题，为什么晓禾都不去考虑呢？

之后晓禾又对我说想去染头发，想去做美甲，然后她又说做美甲有点贵，不过贵有贵的道理，美甲师做的指甲就是比她贴的好看。我也没说什么。我在想：晓禾之所以给我说这些，是不是因为她想让我给她一些钱啊？但晓禾没跟我提钱的事。

后来晓禾又说自己汗毛重，问我为什么别人都不是这样的，为什么就她是这样的。我劝晓禾说，每个人都有自己的特点，这不是问题，没有人注意这些。晓禾没有听我的话，反而越说越生气。我一看到晓禾这种状态，就不想跟她多说什么，因为我知道，无论我说什么，她都不会相信，她都会认为我在否定她，我能做的就是闭嘴。晓禾说完自己想说的话，就生气地走了。

我真的特别生气，又特别无奈，不知道到底哪里出了问题，也不知道该如何解决这些问题。我想请徐老师帮我分析一下。

教育顾问点评

好，那我就简单地分析一下。

"我让晓禾帮忙打扫卫生，她不干；我让晓禾帮忙洗碗，她不干；我让晓禾帮忙取一下快递，她不干。"晓禾妈妈，晓禾的这些行为表现跟孝顺没有任何的关系。我女儿会帮我干这些活，但这并不代表她是一个非常孝顺的孩子。我女儿之所以帮我干这些活，一是因为她不敢不干这些活，二是因为她不好意思不干这些活。这跟我们昨天说的"刑"和"德"有很大的关系。晓禾妈妈，今后你可不能再给晓禾扣这顶不孝顺的帽子了。

如果你的眼睛总是盯着晓禾的缺点，什么都是晓禾的错，你又怎么能修复自己和晓禾的关系呢？没有良好的、彼此信任的亲子关系，你又怎么能帮助晓禾走出困境呢？

为什么晓禾一门心思地想跟好朋友一起跨年呢？原因很简单，因为晓禾跟好朋友在一起时感到快乐，不会觉得孤单，不会觉得自己是一个另类。

晓禾妈妈，请你静下心来想一想：如果你们一家人一起去姥爷家，晓禾能在那里做什么呢？晓禾能体验到乐趣吗？如果连你都不理解晓禾，还有谁会理解她呢？晓禾妈妈，你可能真的不理解这个年龄段的孩子有多么需要朋友。

我认为，一个孩子需要朋友的迫切度和亲子关系的亲密度成反比。说白了就是孩子和父母的关系越差，就越需要朋友。孩子和父母的关系越好，就越愿意回家。

为什么晓禾不会考虑妈妈的建议，认真地想一想现实呢？因为晓禾在现阶段还不具备这种能力。有的孩子体验过生活的疾苦，能综合考虑自己的欲望、现实条件等，并在此基础上权衡利弊，做出取舍。显然晓禾还不具备这种能力，她需要父母的引导，也需要历练自己的机会。

晓禾关注自己的头发、指甲、体毛，这是青春期孩子的正常表现。青春期的孩子非常注重自己的仪容仪表，不希望自己有瑕疵，希望自己是十全十美的，更希望自己的仪容仪表能引起他人的关注，得到他人的认可与赞赏，这都是孩子寻求自我认同的表现。如果一个孩子在学习上、在特长上、在人际关系上都有很好的表现，那么他对仪容仪表的关注就会少一些。反之，如果一个孩子在学习上、在特长上、在人际关系上都没有很好的表现，那么他对仪容仪表的关注就会多一些。

晓禾正处在这个看似成熟但其实不成熟的青春期阶段，她会坚持自己的观点，一旦自己的观点被否定，她就会有极大的挫败感，她就会觉得自己被否定了，很难听得进去别人的意见。

在跟青春期的孩子沟通时，父母要先接纳他的观点，不管父母认不认可这个观点。父母在接纳孩子的基础上，尝试引导孩子。能否成功引导孩子，取决于父母在孩子心目中的地位和沟通的技巧。如果父母暂时引导不了孩子，就让孩子把想说的都说出来，让孩子感觉到父母在认真听他说话，让孩子感觉到父母对他的理解。

更重要的是，如果孩子能和父母诉说，父母就能知道孩子在想什么，就能理解孩子的所思所想、所作所为。

有的父母想要强硬地改变孩子的观点，只要几次，孩子就再也不愿意和父母说心里话了。这样一来，父母就把亲子沟通的渠道堵上了，亲子关系就会因此恶化。

如果孩子对父母关闭了"心门"，问题可就大了。

妈妈，你理解你的女儿吗

2022 年 12 月 30 日 妈妈日记

今天是老师公布考试成绩的日子。上午晓禾的班主任就通过微信将晓禾的成绩单发给了我。我打开微信一看，晓禾的考试成绩基本上在我的意料之中。虽然我早就料到晓禾的考试成绩不理想，但是当我看到她的成绩单时，我依然觉得非常愤怒、非常失望，我感到很委屈，有一种付出之后没有回报的无力感。

我通过微信将成绩单转发给晓禾，她没有任何反应，最终我没有说出训斥她的话。

下午四点半，我参加晓禾所在班级的线上家长会。班主任先总结了这个学期的教学情况、学生的考试情况、明年的考试安排、假期需要注意的事项等，并告诉家长，如果家长对孩子的考试成绩有疑问，可以单独联系各科老师。

会后我联系了晓禾的语文老师，并询问语文老师为什么晓禾这次的语文成绩没及格。语文老师告诉我，这次采用的是综合评分的方式，他不仅要对试卷进行评分，还要对学生平时的出勤情况和作业的完成情况进行评分。晓禾的出勤情况和作业的完成情况不理想，影响了她的最终得分。晓禾上课缺席，不写作业，当然会影响最终的考试成绩。我无言以对，感到非常地羞愧，觉得自己无法再面对老师。

晓禾的数学成绩是 B，英语成绩是 C。我本来还想找数学老师和语文老师聊一聊，但现在的我一点都没有跟老师沟通的心思。

我耐着性子给晓禾发微信，问她对各科成绩的想法，是否需要我帮忙。晓禾半天都没有回复我。我问她在干什么，怎么半天都不回我微信。一段时间之后，晓禾才回复我说，她在打游戏，不需要我帮忙。

此刻的我已经非常愤怒了，但我得忍着，我告诉自己，这是晓禾自己的事，她要为自己的行为负责。我不知道这次的考试成绩能否触动晓禾。我只知道，如果我因为这次的考试成绩训斥晓禾，一定会引起她的反感，她会跟我对着干。我觉得晓禾从来都没有考虑过未来，一副得过且过的样子。一直到晚上，我都没有再收到晓禾的信息。

我不知道该怎样处理这件事情，但我觉得我应该和晓禾谈一谈。如果我的沟通方式有问题，最终我们俩就会不欢而散。我一直想问晓禾："如果你不爱学习，不想好好学习，只知道混日子，没有目标，没有计划，那你还要不要上学呢？上学对你而言又有什么意义呢？"

教育顾问点评

晓禾妈妈，我能理解你的愤怒。哪个父母看到孩子糟糕的成绩单都会愤怒。

晓禾妈妈，如果你现在已经不愤怒了，已经恢复冷静了，那么我想问你两个问题："你理解你的女儿吗？你理解她痴迷网络游戏的行为吗？"对，你没看错，孩子需要被理解，玩游戏的孩子也需要被父母理解。

咱先说说什么是"理解"。

我说我理解你的愤怒，其实是在说，我认为你在遇到这种事情时感到愤怒是正常的，是人之常情，换作我或者其他人在遇到类似的事情时也会感到愤怒。你的愤怒是有原因的，并且这个原因是被人理解的，是站得住脚的。

理解不能只是嘴上说说。那我该如何用具体的行动来表达我对你的理解呢？我要允许你愤怒，允许你用适当的方式发泄自己愤怒的情绪。

好，现在我再问你："你理解你的女儿吗？你理解她痴迷网络游戏的行为吗？"

我觉得你应该不理解。你不用伤心，也不用感觉没有面子，因为不理解孩子的父母，尤其是不理解孩子痴迷网络游戏的父母，有很多。或者说，在孩子痴迷网络游戏之后，能理解孩子的父母几乎没有。

所谓理解，就是承认一个人在当下的所作、所为、所感的正当性。具体到孩子，就是承认孩子目前痴迷网络游戏的正当性。也就是说，我们必须承认，以孩子目前的状态来看，痴迷网络游戏才是正常的。

对，你没看错，以孩子目前的状态来看，痴迷网络游戏才是正常的。

一个动不动就被父母唠叨、指责、打骂的青春期女孩，一个被父母的唠叨、指责、打骂扰乱了心神的青春期女孩，一个被扰乱了心神、不喜欢学习、学习成绩下降的青春期女孩，一个在现实生活中总是遭受打击的青春期女孩，一个在现实生活中没有体会到丝毫价值感、成就感的青春期女孩，除了玩网络游戏以外，她还能干什么呢？

那么父母该怎样用行动表达自己对孩子的理解呢？允许孩子玩网络游戏，不再用唠叨、指责、打骂等方式阻止孩子玩网络游戏，不再将玩网络游戏当作一种十恶不赦的罪过。

说到这里，有的父母已经对我忍无可忍了，开始反驳我："我们全方位地管着孩子，他都没白天没黑夜地玩游戏。如果我们不再约束孩子玩游戏，那他就完全陷在游戏的世界里了！孩子这一辈子就毁了！你担得起这个责任吗？你就是站着说话不腰疼！我们不理解！"

你还记得那两个骂街的泼妇吗？为什么她们之间的"对骂"会持续下去呢？就是因为她们俩互相不服气，都在想："我骂得这么起劲儿，她竟然还敢骂回来，好吧，那我就骂得更猛烈一些吧！"

如果你想让孩子继续痴迷网络游戏，在网络游戏的世界里越陷越深，那你就继续沿用你的老思维、老办法，继续全方位地限制孩子玩网络游戏。

如果你不想让孩子痴迷网络游戏，就先尝试着理解孩子玩网络游戏的行为，并付诸实际行动，坚持一段时间，以便让孩子感受到父母对她的理解。在理解孩子的基础上，父母要逐渐引导孩子远离网络游戏，让孩子在现实世界里寻找人生的乐趣。

另外，请父母们静下心来想一想：为什么一个青春期的孩子会是一副混吃等死的样子呢？

没有人喜欢枯燥乏味的生活

2022 年 12 月 31 日　妈妈日记

今天是 2022 年的最后一天。

我爸妈今天的身体状态不错。在这半个月的时间内，我爸妈一直在家养病，没有出过家门。吃完早饭后，我提议大家一起去赶集，不为买什么东西，就想带着我爸妈到处溜达溜达，晒晒太阳，有助于身体的恢复。

本来我没计划在大集上买东西，最后我看这个菜也新鲜，那个水果也新鲜，就买了一大堆菜和水果。回去时，我还抱养了一条小狗，真的有点儿不可思议，我们家就这样多了一个新成员。我还没准备好，也不知道该怎么养狗。况且家里还有一只猫呢。狗和猫能和平相处吗？

在回来的路上，我忍不住给晓禾打电话，并告诉她这个好消息。晓禾一听，马上就自己坐地铁来姥姥家了。小猫和小狗互相好奇，彼此试探。小狗比小猫更热情主动，也更亲人。晓禾对小狗爱不释手，一会儿将小狗抱在怀里，一会儿将小狗放在肩膀上，玩得不亦乐乎。

以前的我特别反对养小动物，不是因为我不喜欢小动物，而是因为我认为小动物很脏。但不可否认的是，养小动物有助于孩子的成长。

难得两个孩子都在姥姥家。近几年，晓禾很少跟我们来姥姥姥爷家。下午我给一家人做好吃的，一家人吃得很高兴。老人们感到开心，两个孩子也玩得开心。我没有阻止孩子们看电视、玩手机，没有发生任何冲突，一家人在一起其乐融融的。

我还有一个小小的执念，就是依然不能接受孩子们使用太长时间的电子产品。

教育顾问点评

晓禾妈妈，你的这个执念并不是错的。孩子们使用太长时间的电子产品确实是不好的。

作为父母，你需要认真地考虑以下两个问题：

（1）电子产品好玩是事实。为什么别人家的孩子不痴迷电子产品，自己家的孩子痴迷电子产品呢？

（2）你该如何做才能让你的孩子像别人家的孩子一样有自制力，能够控制自己使用电子产品的时间呢？

对于这两个问题的答案，我已经在日记点评中说得很明白了，今天我们就换个角度再来说一下。

晓禾妈妈，你说晓禾最近几年都不来姥姥家了。那请你再回忆一下：晓禾有多久没有像今天这样玩得不亦乐乎了？

晓禾妈妈，请你再想一想：在现实生活中，孩子们像今天这样玩得不亦乐乎的机会多吗？

晓禾妈妈，我想说的是，对于晓禾来说，她的物质生活是丰富的，不愁吃，不愁穿，但她的精神生活是单调的、乏味的，甚至是憋屈的、苦闷的。

为什么会这样呢？因为孩子们的生活几乎被学习占据了。如果孩子的学习成绩名列前茅，孩子的日子就好过一些。如果孩子的学习成绩不理想，那么孩子就不可避免地被父母唠叨、指责、打骂。孩子会喜欢这样的生活吗？

　　有的家长可能会说："孩子就应该好好学习啊！如果孩子的学习成绩不理想，我肯定得批评他啊！"

　　是的，孩子应该好好学习。可问题是，学习不应该是孩子生活的全部，学习也不应该剥夺孩子的快乐。

　　一个在现实世界中无法获得快乐的孩子，怎么可能喜欢这个现实的世界呢？作为父母的我们有责任让孩子的生活充满更多的乐趣。作为父母的我们有责任让孩子在精神世界中获得满足感。

挨过去，一定会见到黎明

2023 年 1 月 1 日 妈妈日记

今天是元旦，2023 年的第一天。以往在元旦这一天，我们一家人会一起爬崂山，去太清宫祈福。说是祈福，我们也没有什么特殊的仪式，就是借节日之名全家人一起出游，还是挺有意义的。

但今年我不能去爬崂山了，因为我爸妈的身体还未康复，我要在家里照顾爸妈。我老公带着婆婆，还有几位要好的朋友，一起去爬崂山。我在家和面、拌馅、包饺子。我包了荤素两种馅的饺子，大家吃得心满意足、赞不绝口。我是跟着抖音学的如何调饺子馅，看来抖音也有它的价值所在，就看我们如何更好地利用它。

吃完饭后，我问晓禾："你发寒假作业了吗？"晓禾说："发了。"我对晓禾说："那你自己安排时间做寒假作业吧。"晓禾点点头，表示答应了。我就没再多说什么。

总的来说，在这段时间内，我们家比较和谐，主要是因为我们夫妻俩对晓禾没有什么要求了，也很少批评她，这样就避免了很多的亲子冲突。但我也没看到晓禾有什么好的变化。在没人管的情况下，她睡得更晚，起得也更晚，从不按时吃饭，饿了就吃点，不饿就不吃，手机不离手。如果晓禾愿意，她可以躺在被窝里一天不动弹。

也许这是黎明前的黑暗吧，我希望真正的黎明早点儿到来。

教育顾问点评

晓禾妈妈，这就是黎明前的黑暗，不用怀疑自己。

此时有的父母选择了放弃，为什么？因为他们没有看到孩子的变化。可问题是，孩子真的没有变化吗？

有的父母会说："亲子冲突之所以减少了，主要是因为我们对孩子没有什么要求了。可孩子还是一样玩手机啊！孩子比以往睡得更晚，也起得更晚啊！我也没看见孩子主动学习啊！照这样下去，孩子岂不是越玩越上瘾啊？"

好，接下来父母就有以下两条路：

第一条路，回到原来的老路上，继续用老办法严厉管教孩子。

第二条路，咬紧牙，逼着自己在这条新路上继续走下去，挨过黎明前的黑暗。

晓禾妈妈，说到底，在面对人生所有的难关时，我们都必须硬扛过去，痛苦是在所难免的。

晓禾妈妈，如果你此时退回去，必然重回黑暗；如果你继续走下去，一定会见到黎明。

没行下春风，望不来秋雨

一早老公打来电话对我说："我和几个朋友已经商量好一起旅行的事了。"听老公这样说，我对这次旅行有了很高的期待。疫情过后，大家都有一种劫后余生的庆幸，更珍惜当下的幸福和陪伴。我们快速地订好了旅行的日期、机票和酒店。

这几天，我一直感到惴惴不安，就想约见一下徐老师，希望从徐老师那里得到灵丹妙药，马上解决晓禾学习不努力的问题。其实，我心里很清楚，这世上哪有什么立竿见影的方法啊，但还是忍不住把解决问题的希望寄托在徐老师的身上。

下午我和老公如约见到徐老师，我们俩和徐老师聊了大约两个小时。徐老师从专业的角度给我们分析了孩子不努力学习的原因，并告诉我们如何按照计划去做，如何改善并修复亲子关系。为了让孩子重新回到正轨，我们必须放下过高的期待，做好最坏的打算。为了孩子，我们需要努力地改变自己。只有我们变了，孩子才会改变。徐老师还给我们夫妻俩都分配了任务，我老公要完成三个任务，我要完成两个任务。经历了这么多的事情之后，我和我老公都有信心完成任务，时间会见证我们的努力，希望一切都有好的结果。

回到家后，我老公叫了两声大姑娘，搁以前就犹如石沉大海，不会得到任何回应。今天出奇，晓禾马上出来了，问我："小狗呢？"我说我没有把它带回来。我又开玩笑地对晓禾说："难道妈妈都没有小狗受欢迎吗？妈妈也需要抱抱啊！"晓禾笑了，走过来，和我抱在一起。

然后，晓禾饶有兴趣地告诉我，她正在做手工包包，打算送给谁当新年礼物，这个包的标志代表着什么，还打算再给谁做一个什么样的包包，总之，她给我说了好多的话。

我附和着晓禾，并夸奖她。看到晓禾这么喜欢跟我分享，我真的非常开心。如果我和晓禾的亲子时光永远都是这么美好，那该有多好。

今天我感到非常愉快和轻松，希望这是一个好的开始吧。

教育顾问点评

晓禾妈妈，好的开始发生在你写日记的那天，不信的话你可以翻看一下自己的日记。

晓禾妈妈，从你的叙述中我能明显地感受到，晓禾目前的变化还满足不了你的"贪心"。我知道，放下自己的高预期，改变固有的思维习惯，这是很难的事情，但你的脑袋里一定要有这根弦，要时刻提醒自己。

"晓禾笑了，走过来，和我抱在一起。"晓禾妈妈，这种场景是不是很久没有出现过了？

晓禾妈妈，只有当孩子感觉你会包容他的时候，只有当孩子感觉你的怀抱非常温暖的时候，孩子才愿意和你分享，孩子才愿意投入你的怀抱。

老话说："没行下春风，望不来秋雨。"可在养孩子这件事上，有的父母看到的只是"没来秋雨"，从来就没想自己"行没行下春风"。看到"秋雨"没来，有的父母就会唠叨、指责、打骂孩子。有的父母还会抱怨现在的孩子真难养。有的父母还会愤怒，恨儿不成龙，恨女不成凤，责骂自己的孩子枉费了自己的一片苦心。

《大学》里说："物有本末，事有终始。知所先后，则近道矣。"这两句话的意思是，世上的事物都有本末始终，明确它们的先后次序，那就接近事物发展的规律了。教育孩子也是如此，父母要知晓孩子的成长规律，了解孩子的各个关键期，懂得该做什么、不该做什么，用心观察孩子，根据自己孩子的实际情况选择适合的陪伴方法。

晓禾妈妈，只要你一直如此包容，只要你的怀抱一直如此温暖，那么亲子时光就永远都是这么美好的。

一切都在往好的方向发展

2023 年 1 月 3 日 妈妈日记

也许正如徐老师所说的，改变从写日记的那一天就开始了。

一早我准备去我爸妈家。临走前，晓禾还没起床，我也没叫她，只是给她发了一条微信，告诉她今天需要做两件事情：一件事情是帮我取快递，快递的物品是我给她奶奶买的裤子；另一件事情是和奶奶一起去超市，因为奶奶要买一袋面，我怕面粉太重，奶奶提不回来。

其实我能自己完成这两件事，以前的我也是这么做的，能自己做的，尽量不麻烦别人。但徐老师说了，要让孩子参与家庭生活，并从中获得成就感。

当我和我婆婆说时，我婆婆还说不用晓禾帮忙，她自己能提动那袋面。我对我婆婆说："您就听我的安排吧。您要做的就是夸奖晓禾。"我婆婆就同意了。没过多久，晓禾就起床了，并给我回微信，她说自己过一会儿就跟奶奶去超市，顺道去取快递，还让我把这个月的零花钱给她。我说没问题。

晓禾的这个执行力还是让我感觉有些意外的，其实我都做好了她什么都不做的准备了。

晓禾同学的妈妈联系我，问我让不让晓禾和她家孩子一起上寒假绘画班。我马上征求了晓禾的意见。虽然两个孩子的学习进度不一样，不能在一个班级里上课，但是她们俩可以选择在同一个时间段上课。晓禾爽快地答应了。我尽力掩盖自己内心的喜悦，装作平静地对晓禾说："那我就报名了，这是你自己同意上的，你必须上完。"晓禾也一口答应了。

一切都在往好的方向发展，我是不是可以更快地实现目标了呢？晓禾会不会反弹啊？我想，只要我坚持做对的事，一切指日可待。

教育顾问点评

晓禾妈妈，你是不是感觉幸福来得太突然了呢？

如果你想更快地实现目标，可能还真有一个办法，那就是找一个合适的机会，主动地向女儿认错。认错的大体内容是："以前妈妈对你有很高的期望，希望你能更好地发展，但没有用对方法，对你的管束太多，关心太少，现在妈妈知道错了。你也知道，妈妈利用这段时间学习和成长，也在努力改变自己，希望你能原谅妈妈。"

能够承认自己的错误，这是一个人最大的真诚，而真诚是最能打动人的。如果父母能主动地向青春期的孩子承认自己的错误，这将有助于孩子快速地消解心中的苦闷和怨恨。

之前我就说过，孩子能很快地改变自己，这不是信口开河。我之所以这样说，是因为我知道，孩子比父母更加宽容，孩子比父母更容易忘记恩怨，但前提是父母要有主动改变的态度和行动，并能让孩子切身地感受到。

孩子反弹的可能性很大。因为青春期的孩子情绪不稳定，和父母之间存在着很多观念上的差异，再加上改变思维习惯和行为习惯本身的难度，所以亲子之间偶尔有矛盾、冲突是一件很正常的事情。父母不用太害怕，只要控制住矛盾、冲突的程度就行。如果父母能在冲突之后和孩子聊一聊前因后果、解决办法，那就更好了。

克服自己的焦虑

2023 年 1 月 5 日 妈妈日记

晚上晓禾打扮了一番，准备去参加同学的生日宴会。晓禾昨天就跟我说这件事了，她还想住在同学家里。我问她还有其他人吗。她告诉我还有其他几个小伙伴。对于那几个小伙伴，我都很熟悉，她们也都在我家里住过。我跟其中一个孩子的家长比较熟，就给这个家长打电话了解留宿的事情，最终我同意了晓禾的请求。

换作以前的我肯定不会同意的。在我的观念里，这么大的女孩子，不能随随便便地在外留宿，一方面我是出于安全考虑，另一方面我是出于礼貌考虑。之前我一直不让晓禾在同学家里留宿。

其实仔细想一想，留宿在同学家里，这对孩子来说是非常美好又珍贵的回忆。我像晓禾这么大的时候，也经常在一个要好的同学家里住。虽然我和这个同学现在不在同一座城市生活，但是我们俩一直都是真正的好闺密，都是一辈子的好朋友，我们俩都特别怀念那些年在一起的日子。

为什么以前的我不让自己的孩子在同学家里留宿呢？为什么我要让自己的孩子遵守那么多的规矩和原则呢？

我觉得现在的我已经学会自我觉察了。在遇到事情时，即使我在当下没有时间思考，过后我也会想一想为什么要这样做，这样做有什么好处和坏处。即使我现在做的还不够好，我也能够通过自我觉察做到更好。

我发现，当我不再过度关注那些细节时，我就变得轻松了，变得心胸宽广了，也没有之前那么焦虑了。

教育顾问点评

"我发现，当我不再过度关注那些细节时，我就变得轻松了，变得心胸宽广了，也没有之前那么焦虑了。"晓禾妈妈，今天我就顺着你的这句话往下说一说。

从本性上来说，人类确实更擅长关注环境中的那些细节，因为在我们老祖宗生活的年代，环境中的任何风吹草动都关乎生死。这种关注细节的本性一直延续到现在。有的父母会自动关注孩子身上的细节。父母越关注孩子身上的细节，就越觉得孩子哪哪都是错的，就越觉得孩子身上没有一点优点，就越来越焦虑。过度焦虑又会促使父母去关注孩子身上更多的细节。然后，孩子被唠叨、指责、打骂就在所难免了。再然后，孩子的错误就真的会越来越多。父母和孩子就这样陷入了恶性循环。

有些孩子的缺点是被父母的焦虑和错误的应对方式诱发出来的。父母既要看到孩子身上的短处或缺点，又要看到孩子身上的长处或优点。

晓禾妈妈，你现在要尝试克服自己的焦虑。即使你克服不了自己的焦虑，也要硬熬过去。只有黑暗过后，黎明才会到来。

孩子总是被欺负，该怎么办

晚上我陪着弟弟一起学英语。姐姐过来跟我分享新买的泳衣。我就夸姐姐的眼光好。弟弟在旁边也跟着说："姐姐，你要是再瘦一点就好了。"

我看到姐姐的脸色瞬间就不好看了，但是弟弟没有发现，又说了一句："姐姐，你要减肥了，你再瘦一点就更好看了。"姐姐当时就气炸了，大骂弟弟："你知道什么！你懂什么！就你在那里瞎说，你没有眼光就别在那里瞎说！"

幸好我在弟弟旁边，姐姐还稍微收敛一点儿，要不然姐姐会说出一些更加难听的话。弟弟被骂得莫名其妙，委屈地说："我也没说什么呀！"

姐姐气呼呼地回自己房间了。当时我也没法替弟弟说话。以前的我会直接批评姐姐，现在的我知道这样做不仅不能解决问题，还会让问题变得更糟。今天的我没有批评姐姐，只是安慰了弟弟，弟弟的情绪一会儿就好了。

姐姐的情绪就是这么不稳定。弟弟一句无恶意的话就让姐姐气炸了。姐姐在对大人发脾气时，还是有所忌惮的。但姐姐在对弟弟发脾气时，总是尽情地欺负弟弟，故意拿话刺激弟弟、伤害弟弟。面对弟弟被姐姐欺负的这种情况，我和我老公都非常苦恼，不知道该怎么处理。

教育顾问点评

在这近一个月的时间内，这是我第一次看到姐姐晓禾发脾气。我是不是应该说姐姐的情绪很稳定啊？

这次姐姐之所以会对弟弟发脾气，是因为弟弟说姐姐胖，让姐姐减肥。一个没有自信的青春期孩子，不喜欢别人说自己的缺点，揭自己的伤疤。姐姐的伤疤被弟弟揭了，姐姐的心情能好吗？

如果你们想解决姐姐欺负弟弟的问题，今后就不要再欺负姐姐了。

你肯定会反驳我："我们怎么欺负姐姐了？我们什么时候欺负过姐姐啊？"

作为普通人的我们，大多会恃强凌弱，也只能恃强凌弱。

作为父母的我们，为什么敢肆无忌惮地唠叨、指责、打骂孩子呢？有两个主要的原因：一个原因是我们面对的是自己的孩子，不是别人的孩子；另一个原因是孩子的年龄尚小，心智还未发育成熟，属于弱势群体。

为什么孩子一到了青春期，一些父母就会收敛很多，不再轻易地批评、打骂孩子了？就是因为孩子长大了。如此看来，如果一个人想要赢得他人的尊重，想要不被他人欺负，就要提高自己的实力，无论是在社会上，还是在家庭中。

如果一个孩子总是被欺负，他该怎么办呢？有的孩子就会找一个比自己还软的柿子去捏。

什么是文明呢？文明就是拳头大的人不再欺负拳头小的人。当孩子不再被欺负的时候，当孩子感受到父母更多爱的时候，当孩子的自信心逐渐建立起来的时候，孩子就变得文明了。

晓禾妈妈，你这次的处理方式是很好的，为你点赞。

是无可奈何，还是忍辱负重

昨天我老公出差回来，到家的时间比较晚，已经是晚上十二点多了，所以他今天醒来的时间比较晚，还没起床，就对我说："你挨批评了！"

我老公没头没脑地说了这么一句话，让我瞬间有点发蒙。我在想我什么时候挨批评了，忽然想到徐老师对我日记的点评。每天一睁眼就看徐老师的点评已经成为我和我老公的一个习惯。这几天看着晓禾的作息习惯，虽然我没有表达出自己的情绪，但是我的确是有情绪的，我知道自己还需要继续忍着不说。

明天我们全家就要一起去三亚旅行了。今天下午，晓禾对我说，她的同学约她去极地海洋世界附近的咖啡厅里写作业。我同意了，并告诉她早点回来收拾行李，明早我们就要出发了。她答应了，但是到了晚上，她又给我打电话说她想和同学一起在外面吃饭。我也答应了，还给了她五十块钱。大约晚上七点半，她打来电话，问我能不能开车去地铁站接她，我让我老公开车去接她。

晓禾主动地帮我取了快递，还主动地给弟弟带了一个红豆派和半盒薯条。晓禾对弟弟说："本来这个盒子装满了薯条，但是我在路上太馋了，就吃了一些薯条，现在只剩下这些薯条了，希望你不要介意啊！"弟弟受宠若惊，连忙说没关系。好吧，孩子们之间的事就让孩子们自己解决吧。

晚上十点半，姐姐还在跟同学打游戏，大喊大叫。我提醒了她两次明天要早起。不久她就洗漱睡觉了。家里瞬间就安静了。现在的她能接受我的建议了。

教育顾问点评

孩子黑白颠倒的作息，没日没夜地玩游戏，哪个家长看了都会有情绪。家长对孩子有了情绪，该怎么办呢？需不需要忍呢？需要。

"忍"可以被分成两种，一种是无可奈何之"忍"，另一种是忍辱负重之"忍"。

面对疫情，我们没有办法，只能先忍着，这是无可奈何之"忍"，是被动的。面对出现问题的孩子，父母忍住原本焦躁的情绪，忍住原本管不住的嘴和手，忍住原本错误的教育理念与教育方法，都是为了给孩子提供一个更适合成长的环境，为了解决孩子的问题，这是忍辱负重之"忍"，是主动的选择与策略。

难道父母要一直忍着吗？当然不需要。

现在的"忍"，主要是为了避免激化亲子矛盾，营造和谐的家庭氛围，缓和亲子关系；主要是为了让孩子觉得自己的父母已经改变，不再像以前那样吹毛求疵了。如果孩子感受到了父母的爱，他的心理秩序就能逐渐恢复正常。正常的心理秩序是孩子健康成长的基础和关键因素。

晓禾妈妈，你还记得那两个骂街的女士吗？如果两个人总是对骂，那么这场骂战就会一直持续下去。终止这场骂战的方法之一就是其中一个女士先忍住了，先闭上了嘴。

接下来，另一个女士会有什么样的反应呢？初期她很可能会更加肆无忌惮地漫骂，她会觉得自己天下无敌了。但过不了多久，她可能会觉得尴尬了，她会想：人家都不骂了，自己再这么没脸没皮地骂下去，是不是不太合适啊？这时候，她的心理秩序就逐渐恢复正常了。等她的心理秩序恢复正常之后，你跟她讲道理，她才可能听得进去。

在孩子的心理秩序恢复正常之后，父母应该做什么呢？要帮助孩子重建自信。

一个人的自信要靠真本事来支撑。因此父母要帮孩子至少练成一样真本事。这是一个漫长的过程，因为任何真本事的练成都需要时间的积累。父母要做好长期陪练的思想准备。

当孩子有了真本事，或者说当孩子愿意练就真本事的时候，他的自信心就慢慢地建立起来了。

如果一个孩子在学习上得不到任何的成就感，他就一定不愿意学习。如果这个孩子没有任何爱好或者特长，那他就体验不到现实生活的美好。如果孩子没有在现实世界里体验到乐趣，他就会在虚拟世界里寻找乐趣。网络游戏能让孩子沉浸在虚拟世界里，享受各种乐趣。

黑白颠倒的作息习惯，玩游戏时的乐此不疲，这些都是孩子的"症状"。如果父母将自己的注意力都放在这些症状上，不去寻找根本的"病因"，这些"症状"就会变得更加严重。

大家都夸晓禾长大了

由于飞机晚点，我们一早从家出发，直到傍晚时分才到达我们旅程的第一个目的地。

一路上晓禾的表现都很好。上飞机之前，大家都夸晓禾长大了，这次旅行全靠她做的攻略。我们大家都听晓禾的指挥，这让她很受用。一路上晓禾都非常照顾弟弟和同行的小妹妹。在飞机上我也主动地和晓禾坐在一起，她感到非常高兴。

晚上我催促晓禾该去洗漱了，就只催了她一遍，她就去洗漱了。我明显感觉晓禾这次比上次的出行状态好。我希望晓禾在未来的日子里继续保持自己的好状态。

教育顾问点评

晓禾妈妈，尽量不要"希望"，因为"希望"的主导者是晓禾，你就丧失了主动性。那你需要做什么呢？你需要引导晓禾。

孩子的成长是有规律的，是需要条件支撑的。就像小树，我们需要给它浇水施肥、修枝打杈，让它晒太阳，还要帮它扛过暴风雨的侵袭，它才能健康苗壮地成长。

如果晓禾在旅行的过程中出现情绪波动，这是正常的现象，毕竟在旅行的过程中，有较多不可控的因素。你需要给晓禾锻炼、成长的机会。当然，如何让晓禾更好地解决问题、控制情绪等，需要父母正确的引导。

父母表现好，孩子的表现才会更好

2023 年 1 月 11 日　妈妈日记

　　昨天是这次旅行的第二天，我们去参观了一个合作伙伴的项目。晓禾对此有些不耐烦，发了一通牢骚，问我为什么来这里，为什么在这里耽误时间。一开始我还耐心地给晓禾解释来这里的原因，但她根本就不听我的解释，后来我就不解释了。我认为，晓禾想要的不是我的解释，她想要的是发泄情绪，她想一吐为快。那我就让晓禾尽情地发泄情绪。等晓禾发泄完情绪之后，我心平气和地给她买了一堆好吃的。

　　晚上那个合作伙伴请我们吃饭。我觉得晓禾很不喜欢这样的社交场合。只有我们这几个大人在那里寒暄着、客套着。这样的聚餐对孩子们来说确实没有意思，但对我们大人来说很有意义。有时成年人需要去做很多不得不做的事情，这就是现实。晓禾在整个用餐过程中都表现得特别别扭，但还算保持了基本的用餐礼貌，她偶尔会趴在我耳边问我这场聚餐什么时候结束，除此之外，她没有其他出格的语言或行为，这让我感到很欣慰。

　　这场聚餐一直到很晚才结束，晓禾一直坚持到最后。我对晓禾说："姑娘，你很棒，你很识大体，懂得体谅父母，知道这是必要的社交！"晓禾没说什么话，也没有表现出太多的不满情绪，就回去睡觉了。

　　今天白天我们在景区游玩。我给晓禾拍了很多张照片，她很高兴。当我们去参观博物馆时，晓禾说她不想进去，她要在门外等着。这次我允许晓禾这样做，我不勉强她。这事要是发生在以前，我肯定会教育晓禾一顿。

现在的我尊重晓禾的意愿。也许以后晓禾会意识到博物馆是一个非常好的地方。博物馆是孩子们开启洞察世界艺术、文化、历史大门的钥匙。博物馆里承载着人类的记忆，能够开阔孩子们的视野。我想，等晓禾真正对博物馆感兴趣了，她再去参观也不迟，毕竟兴趣才是最好的老师。

晚上入住酒店后，晓禾吃得开心，玩得兴奋。晓禾跟弟弟一起游泳、玩耍，一晚上都没有玩手机。美好的一天就这样结束了。

教育顾问点评

如果一个不知内情的人看到如此母慈子孝的生活，一定会生出羡慕之情。

晓禾妈妈，虽然晓禾良好的表现和你的"希望"相符，但这不是你"希望"来的。那是怎么来的呢？是你转变了自己的观念，不再给晓禾讲大道理，允许晓禾发泄情绪，允许晓禾自主选择。你的榜样作用，你的情绪稳定，你的宽容大度，给了晓禾一个自由的空间。

对于你的这些转变，晓禾一定看在了眼里，也一定感受到了你对她的理解与关爱。因此你才有了识大体的晓禾，才有了如此美好的一天。

父母的情绪稳定，没有过多控制孩子的欲望，能够理解孩子、体谅孩子，不过多地唠叨、指责孩子，那么孩子就能表现良好。反之，孩子的表现就一定会让父母头疼。

对孩子少一些要求，是好事

一早吃完早餐后，我们决定先去环岛游，然后再根据个人意愿参加喜欢的活动。

弟弟和同行的妹妹都选了套票的项目。我问晓禾要选什么。晓禾兴致不高，她说都不想玩，她害怕。我也不知道她是怎么想的。我也没有劝晓禾，顺着她的意就好了。

晓禾这次出门带了一双厚底高跟凉鞋。我对晓禾说："这种鞋不适合旅游的时候穿。"她不听，还说这双鞋跟她的衣服搭配。我就没再多说什么。晓禾今天就穿了这双高跟凉鞋，这导致她在山路上行走时不仅磨破了脚，还走得不稳。晓禾却抱怨说她不知道今天需要走山路，又迁怒于环岛游。听晓禾这么说，我非常生气，但我忍着没跟她理论。因为心疼晓禾，我对她说："你要不要跟妈妈换一下鞋呢？"她又不肯了，坚持走完全程以后，就回房间换鞋了。

下午我老公带弟弟去玩游乐项目，我和晓禾在酒店的游泳池里游泳。就我和晓禾两个人，她玩得很开心。我发现，当我对晓禾没有那么多的要求时，她确实更放松了。我也有更多的精力去关注其他的事情了。就让一切都朝着良性的方向发展吧！

教育顾问点评

作为父母，我们毕竟比孩子多吃了几年的饭，总想教给孩子一些经验。这时候，如果孩子不听我们的，我们就会非常生气，忍不住对孩子说："我这都是为了你好！好心被当成驴肝肺，总有你吃亏的那一天！"

如果事实证明了"不听老人言，吃亏在眼前"，如果孩子还不能做到"自作自受"，还非要抱怨别人、推卸责任，那么我们的怒火就更大了。晓禾妈妈，说实话，一般人很难忍住这种怒火，没想到，你竟然忍住了。

当孩子因为不听劝而吃亏时，有的父母一定会趁机羞辱孩子几句，以便发泄内心积攒的怒气，显示自己的先见之明。这样做就会让人们陷入恶性循环。如果事实证明了父母的先见之明，父母就会更想给孩子"传道受业解惑"，孩子就会因此更加逆反，达不到父母的要求，这就会让父母始终处在焦躁、愤恨的情绪之中，进而让父母的认知出现偏差——这孩子真犟，真不知道上进。到了这一步，父母的脑袋就彻底迷糊了，接下来的所作所为就只有一个目的了，那就是制服孩子。孩子哪有那么好制服的呢？俗话说，哪里有压迫，哪里就一定有反抗啊！

看完电影《流浪地球》，我知道了一个概念——洛希极限。洛希极限是一个天体自身的引力（向内）与另外一个临近天体对它造成的潮汐力（向外）相等时的距离。当两个天体的距离小于洛希极限时，因为潮汐力的作用，较小天体就会碎散，继而成为较大天体的环，这是一个不可逆的过程。

我觉得"恶性循环"也存在"洛希极限"，一旦过了某个临界点，孩子就很难再回归正轨了。有的父母也不知道为什么亲子之间产生了"恶性循环"。我认为父母此时应该做的是尽早打破所有的恶性循环。

晓禾妈妈，你做得很好。

问题也许就出在无法理解上

2023 年 1 月 15 日 妈妈日记

我不知道为什么晓禾出门旅行不爱溜达，她宁可在酒店里待着，也不好奇外面的陌生世界。我记得我小的时候，无限向往外面的世界。如果哪个同学去了一趟外地，我都能羡慕他半年。我真的无法理解现在的孩子。

总的来说晓禾这几天的状态还可以，偶尔不明原因的矫情。有一天我从肯德基打包了一些食物给几个孩子吃。晓禾一开始不动手选自己喜欢吃的食物，等别的孩子都拿了自己想吃的食物之后，她又生气地说怎么没有人问她想吃什么。其他的孩子都比晓禾小六七岁，我也没法让其他的孩子将食物放回原处，以便让晓禾先选食物。我感到非常尴尬。晓禾都这么大了，为什么连这点小事都不懂呢？

晓禾也有让我感觉意外的地方。昨天晚上有个朋友请我们吃饭，晓禾选择不去，她说她不喜欢这样的应酬。我对晓禾说："那我回来的时候给你带点好吃的。"然后弟弟带着平板电脑跟着我们一起去吃饭了。席间，晓禾打电话问我们几点回酒店。我对晓禾说快了。晓禾说："你们必须在晚上九点半之前回来，我要玩游戏。"我对晓禾说："我们差不多就在那个时间点回去。"结果我们聚餐结束的时间稍微晚了点。回去的路上，晓禾又给我打电话，因为我在开车，我老公替我接的。晓禾恶狠狠地说："弟弟真烦人！为什么他要拿走平板电脑呢？"我老公一听晓禾这样说，当场就憋不住了，气愤地对晓禾说："平板电脑又不是你的，弟弟玩一下又怎么了！"晓禾听到后很不高兴。

回到酒店后，我和老公一起去归还汽车。我让弟弟先回我们住的房间。我一直担心，如果弟弟单独跟晓禾待在房间里，肯定会被晓禾臭骂一顿。一想到这些，我和我老公就快速地往我们住的房间走。回到房间后，我看到弟弟在床上躺着，姐姐正吃着弟弟给她带回来的好吃的。我悄悄地问弟弟："姐姐有没有骂你啊？"弟弟说没有，这让我感到很意外。

教育顾问点评

应该说，晓禾的整体表现不错，一点都不像父母心中的那个叛逆的青春期孩子。

"我不知道为什么晓禾出门旅行不爱溜达，她宁可在酒店里待着，也不好奇外面的陌生世界。"这是可以理解的，也是一个普遍的现象，多是由外界环境导致的。现在的孩子即使不出门，也能借助电视、电脑等媒介看到远在千里之外的美景。现在的孩子即使不出门，也能吃到全国各地的美食。该看的都已经看过了，该吃的都已经吃过了，孩子怎么还会好奇外面的世界呢？

关于你提到的吃肯德基这件事，如果换作我，我一定会找晓禾好好谈一谈，尽量做到心平气和，给晓禾摆事实、讲道理，目的不是批评晓禾，而是让晓禾知道自己错在了哪里，并告诉晓禾，在遇到这种情况时，如何做才是得体的。

晓禾爸爸这次的"憋不住"，时机与强度正合适。后来晓禾安静地吃美食，跟晓禾爸爸的这次"憋不住"有很大的关系。晓禾都这么大了，她是知道是非对错的，是可以讲道理的。

晓禾妈妈，你在日记中多次表达了这样的意思——自己真的无法理解现在的孩子。父母无法理解孩子，这是第一个事实。第二个事实是，父母无法理解孩子，不代表父母就是对的，孩子就是错的。第三个事实是，父母之所以觉得自己无法理解孩子，大多是因为自己认为孩子错了，自己是绝对正确的。

我们一直在说父母要理解孩子。可是你仔细想一想，你真的理解孩子吗？你真的能做到"理解孩子"吗？

晓禾妈妈，当你觉得自己不理解孩子的时候，一定要先静一静，然后想一想：是孩子的所作所为错了，还是自己在用错误的标准评估孩子？

孩子知道自己应该做什么吗

按照计划，晓禾今天要上一节绘画课。当时晓禾同意报这个绘画课。昨天她在回程的飞机上跟我说："明天我想和好朋友一起去滑雪。"我说："那你的绘画课怎么办呢？我们已经因为旅行请了两次假，我不好意思再跟老师请假了。"她说："那怎么办呢？我非常想跟好朋友一起去滑雪。"我对她说："那你能找个时间把落下的绘画课补上吗？"她说："可以。"我对她说："那我就再帮你请一次假吧。"她很高兴。

为了今天的滑雪，昨晚晓禾就准备好了衣服，定好了闹钟，今早六点她就起床了，简单收拾了一下，六点半她就出门了，她需要坐两个多小时的地铁才能到达滑雪的地方。我有些担心，一是担心孩子的安全问题；二是担心今天的气温有点低，孩子容易着凉。但转念一想，孩子也要出去锻炼一下与人打交道的能力和处理突发问题的能力，学会规划自己的行程。这些都是孩子在独立生活时需要面对的问题。就让孩子从现在开始锻炼吧。想通了这些以后，我就不那么担心了。

期间晓禾给我打过几次电话，她告诉我，她需要多少钱，用这些钱干什么。我也如数将钱转给了晓禾，她玩得很开心。在回家之前，晓禾打电话问我："我可不可以带朋友们一起回家吃火锅呢？"我同意了，但我对

240

她有一个要求，就是她要自己收拾卫生并刷碗，她同意了。到刷碗的时候，奶奶非要抢着刷，并说晓禾玩累了，还有他人在。就这样，一群孩子大吃了一顿，结果却是奶奶收拾卫生。不过这也不能全怪晓禾，因为奶奶执意要帮忙。我就没再多说什么。我觉得晓禾应该知道自己需要干什么，应该知道感谢奶奶的帮忙。晚上十点多，晓禾陆续送走几个朋友之后就睡觉了。

教育顾问点评

在孩子提出想和好朋友一起滑雪的要求后，妈妈没有发火，也没有拒绝，而是和孩子商量，这是非常正确的处理方式。至于孩子能不能找时间把落下的课补上，这是另外一回事，妈妈需要继续发挥聪明才智去引导孩子。

让孩子和好朋友一起外出滑雪，一定比上一次画画课更有意义。一个正常的人，必然离不开各种社交活动。如果孩子没有朋友，就无法参加社交活动，就没有机会学习社会规则，就无法养成健康的人格。

晓禾妈妈，你可以找机会和晓禾说说刷碗的事，让晓禾郑重其事地感谢一下奶奶。

晓禾妈妈，你要告诉孩子，别人给我们的爱，如同我们给别人的爱，都是需要反馈的。你要给孩子创造反馈的机会。

为什么青春期的孩子很要面子

今天是晓禾第一次上绘画课。

昨天老师发来上课要求和需要携带的东西。我把老师的微信消息转发给晓禾，顺便提醒她做好准备。晓禾告诉我颜料在学校。我对晓禾说："你弟弟那里还有一些颜料，你看看能不能用。"不一会儿，晓禾告诉我："那些颜料不太能用了。"我说，那怎么办呢。晓禾说，她也不知道该怎么办。

其实我当时非常生气，但我忍住了，什么都没说，就光想着给晓禾找画画的颜料了。之后晓禾对我说："那我问问老师，能不能去学校取颜料，实在不行我就先拿弟弟的颜料对付一下。"我对晓禾说："姑娘，你太棒了，这不就是办法吗？这不就能解决问题了吗？"我的夸奖让晓禾很受用，她开心地去收拾自己东西了。

下午，快到上课的时间，晓禾给我打电话，她说她不知道在哪个教室上课。我真想对晓禾说："你现在就在学校，你就不能找个老师问一下吗？你还需要我打电话问老师吗？"

我发现晓禾很怕别人对她有什么不好的看法。前几天在机场，我本来打算带着弟弟去母婴室换衣服。晓禾就说我不能带着弟弟去母婴室，并说母婴室是专门给母亲和婴儿准备的房间，我应该去卫生间给弟弟换衣服。

我说飞机马上就要起飞了，没有多少时间了，弟弟可以在母婴室里换一下衣服。晓禾就用一种既愤怒又怨恨的眼神看着我，好像我犯了一个天大的错误，让她很没面子。最后，我自知理亏，带着弟弟到卫生间换衣服。

教育顾问点评

晓禾坚决不让妈妈带着弟弟在母婴室里换衣服，这是一种非常重视规则的表现。妈妈说晓禾很怕别人对她有什么不好的看法。准确地说是晓禾害怕别人的负面评价。为什么晓禾会害怕别人的负面评价呢？因为晓禾的自我认同感低。别人的评价会影响晓禾的自我认同，进而影响晓禾的自信和自我价值感。

如果一个孩子一直生活在负面评价之中，得不到应有的认可和肯定，得到的都是指责与批评，那么这个孩子就容易害怕别人对自己的负面评价。如果一个人太在意别人的看法，就容易自卑。自卑就是不自信，就是自己瞧不起自己，也特别害怕别人瞧不起自己。

一个自卑的人容易在社交场合中感到不适和焦虑，担心自己在社交场合中出现失误或尴尬的情况，进而影响别人对自己的评价。

如果这个孩子没有任何的特长，和同龄人比较总是处于劣势，要啥啥没有，比啥啥不行，那么这个孩子就会非常在意别人对自己的评价，容易自卑。

一个自卑的人，在干一件事的时候，或者在想干一件事的时候，想到的是："我会不会丢人？看我这样做，别人不高兴，怎么办呢？"继而他就会打退堂鼓："还是算了吧，我做不到，也做不好。"

如果一个孩子特别在意别人的评价，这对他今后的发展是非常不利的。一个不自信的人，一个特别在意别人评价的人，就容易成为一个失败者。

让孩子操心自己的事情

年关将至，我却没有丝毫的感觉，似乎这新年与平时并无太大的区别。平时我们就可以满足自己的需求，又何必等到过年呢？我对年的那种期盼早已经消失殆尽了。唯一还有一点过年的仪式感就是老公提议去拍几张全家福。

已经预约好今天上午九点半，我们全家人一起去照相馆拍照片。昨天，当我老公将这个消息告诉晓禾时，晓禾说："我明天不想去，我起不了那么早，我得睡觉，后天再去吧。"我老公说后天照相馆的人就都放假了。虽然我老公很生气，但是他强忍着没有对晓禾发脾气。晓禾就没再多说什么，算是默认同意了。

一早我叫晓禾起床，她很痛快地起床了。我们一家人准时到达照相馆，拍摄过程还是挺顺利的。摄影师给我们一家人拍了不少照片。晓禾还挺有先见之明的，提前带好了上绘画课所需的材料，她怕万一来不及回家取。晓禾开始操心自己的事情了。

教育顾问点评

从一般的规律来看，如果父母没有事无巨细地替孩子规划，那么孩子就会操心自己的事情。可现实是，有的父母忍不住替孩子规划好了一切，但又不愿意看到孩子那副完全不操心的样子，反过来抱怨孩子不知道操心自己的事情。

有一次我去一所小学参加座谈会。一个五年级的老师问了我这样一个问题："徐老师，为什么现在的孩子连自己的衣服都不认识呢？课间操一结束，孩子们就哗啦哗啦都跑了，衣服被扔在地上，也不知道捡起来穿上。我将这些衣服拿回教室，也没人认领。我只能一件一件地问这是谁的，都说不是自己的。孩子们都上五年级了，至少十岁了，却不认得自己的衣服，这肯定不是因为孩子们的智力有问题，这是因为什么呢？"我认为有以下三个原因：

（1）孩子们的衣服太多了。如果一个人只有一件衣服，那他知道珍惜这件衣服吗？如果一个人只有几件衣服，那他能认识自己的这几件衣服吗？如果一个人有几十件衣服，甚至更多的衣服，那他能认识自己的所有衣服吗？

（2）这些衣服并不是父母因为孩子喜欢才买的，而是因为父母喜欢才买的。

（3）具体穿哪件衣服去上学，孩子没有自主权、决定权。

自己操心自己的事情，记住哪件衣服是自己的，这都不是什么难事，因为孩子具备这样的能力。难的是父母能不能管住自己那颗容易焦虑的心。

如果父母替孩子做好了一切，那么孩子注定不会操心自己的事情。

叛逆的结果一定是坏的吗

今年婆婆在青岛过年，也是我结婚近二十年婆婆和我爸妈第一次一起过年。因为两家老人平时相处得很融洽，所以大家都没有什么心理负担，反而非常期盼这样的团圆年。

包饺子，看春晚，点篝火，放鞭炮，接财神，一个都不能少。直到电视上播放那首多年不变的《难忘今宵》，除夕夜正式结束，大家进入了甜蜜的梦乡。

昨晚孩子们睡得很晚，都没有起来吃早饭。接近中午时分晓禾起床了，她说想跟我商量一点事，她的两个好朋友要一起去上海看展会，她也想去，时间是大年初五。

我不想让晓禾去，一是因为我不放心几个初中女生在没有成人陪伴的情况下出远门；二是因为我给她报了十节绘画课，她又要请几天假，我是真的不好意思再跟老师请假了，也对她的不负责任感到不满。

我看得出来我老公也是这样想的，但我俩都没表现出强烈的反对情绪，就给了晓禾一些建议与意见。晓禾一听就不高兴了，她的态度变得特别坚定，坚决要和朋友们一起去上海，并让我把她的压岁钱都转到她的微信上。

我和老公欲言又止。既然晓禾这么坚决，那就让她去吧。

晚上我和老公去电影院看贺岁片《满江红》，这是我和老公每年初一的固定娱乐项目。看完电影，回到家后，我们俩就孩子去上海这件事达成共识，我们俩认为这件事的利大于弊。所谓的"利"就是孩子有了一次跟朋友外出的机会，能够锻炼孩子独立处理问题的能力，让孩子学会对自己所做的决定负责。如果我们俩不同意晓禾去上海，她肯定会因此对我们俩产生抵触情绪。如果我们俩同意晓禾去上海，就有助于缓和亲子关系。所谓的"弊"就是耽误课程，浪费学费。这样一分析，我和老公就不再纠结晓禾去上海的事情了。

教育顾问点评

"晓禾一听就不高兴了，她的态度变得特别坚定，坚决要和朋友们一起去上海，并让我把她的压岁钱都转到她的微信上。"晓禾妈妈，我觉得你的这个描述特别真实地反映了青春期孩子的心理特点。晓禾妈妈，请你再回忆一下：晓禾之前的一些决定或行为是否也符合这个心理特点呢？你越想让她做的事，她越不做；你越不想让她做的事，她越去做；原本她还在犹豫，父母一反对，她就一定要去做。

估计好多父母会点头表示赞同："对，就是这样的！我真快被这个孩子气死了！"

好，我们先假设父母都是对的，百分之百都是正确的。那你愿意要一个对父母言听计从的青春期孩子吗？面对一个对父母言听计从的青春期孩子，你觉得他是长大了呢，还是一个长大了的巨婴呢？面对一个对父母言听计从的青春期孩子，你觉得他还有机会长大吗？

父母不可能都是对的，也没有哪个人说的话都是真理。既然是这样，作为父母的我们，又怎么敢要求孩子对我们言听计从呢？我们又是从哪里来的这份自信呢？

如果父母说的、做的不一定都是对的，那么孩子偶尔叛逆一下，可不可以呢？父母千万不要一听"叛逆"这个词就妄下结论。孩子之所以被贴上"叛逆"的标签，大多是因为父母觉得自己的孩子不服从管教，这并不代表孩子"叛逆"的结果就一定是坏的，比如晓禾的这次上海之行。

如果父母坚持将自己当成真理的化身，坚决要求孩子按照自己的意愿去成长，那么孩子会一直叛逆下去，而且叛逆的结果多是父母不想承受的，也是父母承受不起的。

按照习俗，过年了，孩子又长了一岁，这就意味着孩子自身的能量又强了一些，父母对孩子的掌控力又弱了一些。

作为父母，我们需要站在一个更高的维度来看待孩子的成长，不纠结于孩子一时的成绩，尤其不能让情绪控制我们的大脑。即使父母和孩子有不同的意见，父母也要在平等的基础上和孩子进行沟通，并尊重孩子的选择。前提是孩子的选择在可控范围之内。

快乐小家

晓禾已经去上海两天了，她自己建了一个微信群，群名是"快乐小家"，群里的成员有我们一家四口，还有姥姥、姥爷、奶奶。晓禾每天都会把好吃的、好玩的东西分享到群里。我看得出来，晓禾在上海玩得很开心。

出发前一天，晓禾的三个小闺密和晓禾一起去上海，她们都在我家留宿，孩子们睡得很晚，也许是因为她们太兴奋了，她们都是第一次在没有家长的陪伴下出远门。

我想再多嘱咐晓禾几句，想想还是算了吧，在确保没有大危险的情况下，就让她去试错吧。比如她们坐的那趟火车下午一点四十到上海，而她们定的是当天下午两点半的演出票。我断定她们赶不上看这场演出，就提醒了她们一下，但她们坚定地说，下了火车以后打车十分钟到酒店，三十分钟到会场，一定能赶上看演出。我就不再多说什么了，让现实去给她们好好上一次课吧，这样她们才会吸取教训。

孩子们出发的那天早上，我为孩子们煮了面条，孩子们吃完面条以后就热乎乎地出门了。我老公预约了出租车，将孩子们送到离家最近的地铁站。因为孩子们自己要求坐地铁去火车站，所以我们就没送孩子们去火车站。

从出门的那一刻起，孩子们就开启了第一次无成人陪伴的旅行。我一看时间已经是下午两点半了，就忍不住询问晓禾到达演出地点了吗。果然不出我所料，孩子们还没到达酒店呢。孩子们肯定错过演出了，因为无法退票，演出票就此作废了。因为票价不便宜，孩子们肯定会心疼的。这件事一定会让孩子们长记性，一定会让孩子们意识到，在做计划时，要留一部分的弹性时间。

这两天，孩子们自己换了酒店，还去看了展会，游览了几个著名的景点。晓禾还给自己买了一件衣服，迫不及待地跟姥姥分享这件衣服有多么物美价廉。

自从孩子们离开家以后，我感觉自己没有那么担心了，也许是因为晓禾每天都跟我分享她在上海的动态，也许是因为我的心最近变大了。

电话沟通

徐老师：晓禾妈妈，我能感觉出来，你最近的焦虑指数明显下降了，那颗因为孩子时刻紧绷着的心逐渐放松了。

晓禾爸爸：徐老师，还有我呢，你也点评一下我的表现呗。

徐老师：晓禾爸爸，最近我基本没有看到你的行为表现啊。

晓禾妈妈：晓禾爸爸最近没有拖我后腿，所以我就没有用文字来描述他。

徐老师：晓禾爸爸，你怎么是那个拖后腿的人呢？

晓禾爸爸：我不知道为什么。

晓禾妈妈：你不拖我后腿，就是进步的表现。

晓禾爸爸：你就知道欺负我！

徐老师：晓禾爸爸，看来你在家里也是"二把手"啊！

晓禾爸爸：错，我是"七把手"！因为我家里还有一条狗和一只猫。

徐老师：晓禾爸爸，我要为你的好心态点赞。

父母改变不了孩子，该怎么办

晓禾今天下午就从上海回来了。

晓禾一回到家就吃上了我特意为她准备的饭菜，她一边开怀大吃，一边说自己在上海的所见所闻。晓禾想到什么就跟我们分享什么，她还告诉我："我的一个朋友要来我所在的学校上学了，我特别高兴，我跟我的这个朋友计划一起骑车上学。"我觉得晓禾的这次上海之行非常有意义，让晓禾成长了许多。孩子们这次在上海遇到了一些突发事件：

（1）因为预估时间不足，孩子们错过了一场非常精彩的演出，每个孩子损失了几百元。

（2）因为其中一个孩子不会骑自行车，所以孩子们不能一起骑车逛景点。其中一个孩子陪这个孩子打车，其余两个孩子骑自行车逛景点。在这个过程中，孩子们学会了迁就他人，包容他人。

（3）为了节省房费，四个孩子选择睡一间双床房，学会了算计着花钱，养成了节约的好习惯。

（4）当酒店以孩子们损坏家具为由要求赔偿时，她们努力寻找证据，维护自己的正当权益。

（5）孩子们相处得很融洽，学会了团结互助，一起面对问题，解决问题。孩子们长大了，比我想象中的还要成熟。

这些突发事件让我放下心来。我不用再像过去那样关注晓禾了，该放手的时候就放手。

晚上我收拾好行李，计划明天回老家参加我外甥的婚礼，我争取在孩子们开学前赶回来。

临睡前，晓禾对我说："我还没完成寒假作业，还有几节绘画课没上。"我没问晓禾具体怎么安排自己的时间，我相信她自己能安排好。即使晓禾安排不好自己的时间，我也改变不了她，就让她自己学着承担责任吧。

教育顾问点评

"我没问晓禾具体怎么安排自己的时间，我相信她自己能安排好。即使晓禾安排不好自己的时间，我也改变不了她，就让她自己学着承担责任吧。"晓禾妈妈，你能认清并接受这个现实，这是非常难能可贵的。一些父母很难认清并接受这个现实，做不到对孩子放手。如果父母"瞎干预"孩子，不仅改变不了孩子，还会让孩子变得更糟。

你还记得那两个骂街的女士吗？她们错就错在总是一厢情愿地认为，只要自己骂得更狠，就能压住对方的嚣张气焰，就能让对方俯首称臣。一些父母和孩子就这么相爱相杀地跨过了"洛希极限"，造成了不可挽回的后果。

如果孩子暂时不会安排自己的时间，父母就要引导孩子。

如果父母想要当孩子的成长教练，就必须以解决问题为导向。但有的父母在当孩子的成长教练时，以宣泄自己的情绪为导向，这就是错误的做法。

恶性循环终于被打破了

2023 年 2 月 6 日　妈妈日记

我终于在元宵节当天回到了青岛。

这几天晓禾每天都会给我打电话，问我什么时候回来，说我留一个老太太带俩孩子，她就像留守儿童一样。

这几天最大的变化是晓禾与弟弟的关系。我听奶奶说，姐弟俩这两天相处得非常融洽。弟弟的同学来找弟弟玩，晓禾还主动地让出房间供他们玩，这是以前从未有过的情形。我感觉晓禾一下子长大了很多。

我发给晓禾一张住校用品的清单。我已经给晓禾准备好了几个大件物品，其他的小件物品就由她自己准备。为了和自己的其他物品配套，有一些物品是晓禾自己在网上购买的，她没有征求我的意见，完全是由她自己决定的。周末的时候，晓禾自己打车将这些东西送到了学校，她也没有找我帮忙。我有点惊讶于晓禾的独立，我以为她会焦头烂额呢。

今天我又给晓禾发了两条信息，直到晚上她才给我回信息，她说等会儿到寝室时再和我聊天。她给我发完这条信息后，很长时间都没给我再发信息。我猜测晓禾肯定在玩游戏，只要她一玩起来，她就什么都不管不顾。

刚刚我又收到晓禾的消息，她说自己一直在安装窗帘和蚊帐。现在老师来收手机了，晓禾匆忙地跟我说了一句再见。这次我错怪晓禾了，总是认为她在干不好的事，这恰恰是我焦虑的根源——我对她缺乏信任。

我觉得孩子就像我们握在手里的沙子，我们握得越紧，沙子流失得越多，只有松紧适度，才能留下更多的沙子。克服自己的恐惧，放下自己对孩子过高的期待，是我要攻克的难题。

教育顾问点评

养孩子这件事，真的不难，可为什么它会让一些父母焦头烂额呢？因为一些父母的性格、行为模式都是固定的，还认为自己是厉害的、是对的，丝毫不顾及孩子的成长规律，非常容易让家庭教育陷入一种恶性循环——如果父母管孩子，孩子不听，那么父母就会使劲管孩子。有时这种恶性循环会导致家庭的悲剧。

晓禾妈妈，从目前的情况来看，你所在的这个恶性循环已经被打破了。我真心恭喜你啊！

孩子，你终于"浪子回头"了

晚上我给晓禾发微信聊天，她告诉我，她刚上完晚自习，她利用晚自习的时间将作业写完了，这样她回到寝室后就可以玩一会儿，晚上十点宿管老师会准时来收手机。晓禾觉得自己这几天的学习生活很充实、很规律，因为她每天的时间都是被安排好的，她不能因为自己的原因不按规定做事情。我觉得这是住校的好处。总的来说，晓禾觉得自己的住校生活还是很愉快的，她感到非常满意。

今天学校老师还给我发了一条微信：

> 晓禾妈妈，从这两天晓禾住校的情况来看，她表现得非常不错，她自己也感觉很开心。碰到新来的住宿生，晓禾还特别热情地帮助人家做各种事情，特别体贴。

> 晓禾这两天上课、完成作业的情况都很好。晓禾自己说，上学期她因为平时不写作业，期末语文成绩是 C，这个学期她要好好学习。晓禾目前的学习状态是很不错的。希望这是一个契机，能让晓禾回到正常的学习轨道上来。

教育顾问点评

晓禾妈妈，晓禾今天的长进不是你"希望"来的。这个改变的契机和你的"希望"没有关系。

晓禾妈妈，我希望你能明白这样一个道理：如果父母的所作所为符合孩子的成长规律和心理发展规律，并且父母的教育引导得法，那么孩子有长进就是必然的。反之，如果父母一厢情愿、一意孤行、自以为是，非要用一些条条框框去要求孩子，那么孩子走下坡路就是必然的。晓禾妈妈，买彩票是需要撞大运的，但教育孩子不需要。

孩子，你可别反弹啊

今天是周末，是晓禾回家的日子。昨晚晓禾主动给我们打电话聊天，她说今天想吃烧烤。晚上，老公带着我们一家人一起去吃烧烤。

一路上，晓禾都在跟我们说她这几天的住校生活，她说自己每天都睡得比别人早，也起得比别人早，这样她就不用和别人抢洗手间了，也能在第一时间吃到学校食堂的早饭，学校食堂的早饭品种很多，也很好吃。她在上课时认真听讲，在上晚自习时认真写作业，她因此得到了老师的夸奖。她还告诉我们昨天她主动给我们打电话的原因。她的一个室友跟自己的妈妈通过电话吵了一架，室友的妈妈很凶。她因此被触动了，马上给我打了电话。她的那个室友听到了我们俩的聊天，羡慕地说"你妈妈真好！"。我猜晓禾一定会在心里说"我妈妈的脾气曾经也是那样火爆的"。

我们一家人都吃得很开心。即使晓禾觉得羊肉串不怎么好吃，她也一点情绪都没有，这要是放在以前，她一定会因为不满意羊肉串的味道而生气。

晓禾的变化让我觉得有些不可思议，让我不敢相信。晚上，在和婆婆聊天时，我还对婆婆说："我感觉晓禾最近的变化很大，我感觉自己熬出头了。我希望一切变得越来越好。我希望晓禾不要反弹啊！"

电话沟通

教育顾问：晓禾妈妈，你担心自己会反弹吗？

晓禾妈妈：我不会，我现在就是"人间清醒"，不会反弹。

教育顾问：晓禾妈妈，只要你不反弹，孩子就绝对不会反弹。

父母要长存"君子之心"

2023 年 2 月 13 日 妈妈日记

现在已经是晚上八点多了，正常情况下晓禾已经上完晚自习了，但还没有交手机。我给晓禾发了两条微信消息，她都没有回复我，我猜她应该是在玩游戏或者看视频。直到晚上十点，我都没有收到晓禾的信息，我猜晓禾此刻应该交手机了。

我打开校宝程序看了一下晓禾最近的考试分数，数学成绩偏低，英语和语文的成绩都有所进步。我又有一点焦虑，从数学联想到英语，从英语联想到雅思，又想到了中考。为了让晓禾考上一所普通高中，我还能用哪些办法呢？

这时我又想到徐老师的话了。我是不是刚见着一点好，就有点操之过急了？我是不是应该等晓禾的状态更稳定一些，再跟她提学习的事情呢？我是不是对晓禾依然有过高的期待呢？

教育顾问点评

晓禾妈妈，昨天你还说自己是"人间清醒"，绝不会反弹，怎么今天你就变了呢？

晓禾妈妈，当我们看不到真相的时候，当我们不知道孩子从"八点多"

到"十点"这段时间干了什么的时候，最健康、最有利于孩子成长的揣测，应该是孩子在忙，应该是孩子在做一些重要的事情。也就是说，父母要对孩子长存"君子之心"。

晓禾妈妈，我不建议你每天晚上主动地给孩子发消息。我认为更合适的方式是你和孩子做一个约定，让孩子在空闲的时候、在愿意的时候给你发消息或打电话。你每天主动地给孩子发消息，能发什么呢？你是每天都问孩子吃了吗，在干什么，还是每天都给孩子发不一样的内容呢？如果你每天都问孩子几乎一样的问题，孩子看了以后能不烦吗？

晓禾妈妈，你看到孩子的数学成绩偏低，是和谁的成绩比呢？孩子的英语成绩和语文成绩都有所进步，为什么你不为这个进步感到高兴呢？你不是有点操之过急了，你就是操之过急了，就是依然对孩子有过高的期待。

分数也好，雅思也罢，都只是孩子主动学习的一种必然结果。晓禾妈妈，你还没有发现隐藏在分数背后的东西，只用两只眼睛盯着孩子的分数。孩子的分数稍有风吹草动，你就如惊弓之鸟一样，这怎么能行呢？

父母的心宽了，孩子的路就宽了

2023 年 2 月 18 日 妈妈日记

又到了周末，这是晓禾回家的日子。

在回家的路上，晓禾提到了两个舍友，一个舍友的父母离婚了；另一个舍友，只要她没考好，就会被父母打骂，总之两个舍友的家里都有各自的问题。晓禾觉得自己很幸福，觉得自己的家庭特别和睦，父母恩爱，自己被宠爱。这是我第二次感受到幸福的家庭给晓禾带来的自信。

到家之后，我准备给晓禾做几道她爱吃的菜，但是她想跟朋友去外面溜达，在外面吃饭，我同意了她的要求。晓禾难得出去放松一下，快晚上十点了才回家。我现在对晓禾的要求特别宽松，不再那么精神紧张了，对她很放心。

在睡觉之前，晓禾还抱了抱我，跟我说，她在学校里时很想我，但是没有给我打电话，因为她很忙，每天的时间都被安排得满满的。我真的很满足，因为晓禾开始自己安排自己的事情了，知道什么才是重要的。

教育顾问点评

晓禾妈妈、晓禾爸爸，在 2022 年 12 月 13 日的回复中，我曾问你们俩目前对晓禾的预期小目标是什么，经过两个多月的努力，你们俩已经超额完成了自己的小目标。你们俩觉得呢？

晓禾妈妈，现在你和晓禾的状态基本回到正轨了。我们这一阶段的辅导就暂且结束了。

晓禾妈妈，最后我再嘱咐你一句：一定不要把自己当成真理的化身，不能认为自己什么都懂、什么都对、什么都会，不能总是用自己的标准、自己的经验去衡量、评判孩子的所作所为。符合自己要求的就是对的，不符合自己要求的就是错的，这是很危险的一种想法。

晓禾妈妈，如果你能放下对孩子的担忧，对孩子长存"君子之心"，那么孩子就会如你所愿，蓬勃成长。

晓禾妈妈，你要把心放宽。心宽了，则天地皆宽，孩子未来的路也会更宽。

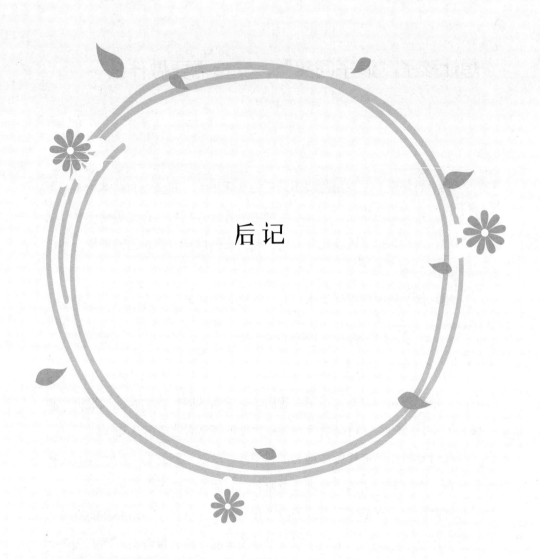

后记

想让孩子"浪子回头"，父母需要做什么

晓禾妈妈说："我感觉晓禾最近的变化很大，我感觉自己熬出头了。我希望一切变得越来越好。我希望晓禾不要反弹啊！"在短短两个多月的时间内，为什么孩子的变化如此之大呢？真的像晓禾妈妈说的那样，她已经熬出头了吗？

想让孩子从泥潭里爬出来，父母需要做哪些努力和改变呢？

一、发自真心的理解与体谅

有的父母在发现孩子内心痛苦时，往往会想："他怎么还会感觉痛苦呢？他弄得我们家鸡犬不宁，我们才感觉痛苦呢！我们看他玩得很开心啊！"从目前的实际情况来看，一些父母很容易有这样的认知误区。

父母觉得自己这样做都是为了孩子好，丝毫不顾及自己的教育方式是否合理，丝毫不顾及孩子的成长规律和内心体验，肆无忌惮地为孩子设置了各种高标准、严要求。当孩子做不到的时候，当孩子不识好歹的时候，父母对孩子的"爱"就全部体现在了对孩子的唠叨、指责与打骂上。有这样的父母，孩子难道不应该觉得自己心里苦吗？

哪个孩子，不想争第一呢？哪个孩子，不想获得父母的认可与表扬呢？哪个孩子，不想在同学、老师面前活出一个人样呢？如果孩子的基本需要没有被满足，孩子慢慢地成为一个问题少年，那么孩子的内心就一定

是充满矛盾和痛苦的。

如果孩子的心里充满了矛盾和痛苦，那他该怎么办呢？有的孩子就只能选择玩游戏、发脾气。

二、停止亲子之间的对抗

如果父母能理解孩子，那自然是好的。如果父母不理解孩子，也没有关系。父母要逼着自己停止亲子对抗，停止唠叨、指责、打骂孩子，给孩子营造一个宽松、自由、温暖、和睦的家庭环境。说白了，就是父母要少发脾气、少说话。

有的父母往往忍不住，或者忍几天之后看孩子依然没有好的变化，就忍不住回头去走老路了。

在对日记点评的过程中，我曾多次用两个泼妇骂街做例子。对此，有的父母表示不理解。那么接下来我再举一个例子。

假设，你看到了这样一个场景：

一条狗正冲着一个人狂叫不止，而这个人满脸怒气，正在用鞭子猛抽这条狗。

这时候，你问这个人："你跟这条狗较什么劲呢？"

这个人说："我不理解它为什么总是不停地叫！我不理解它为什么总是不听我的话！我不理解它为什么总是逆反！我不理解它为什么不知道努力上进！它这种'摆烂'的态度让我感到非常地伤心和气愤！我必须得好好教训它一顿，要不然它不知悔改！"

好，我们来想一想：这个人用鞭子不停地猛抽这条狗，他想用这种方式来教育这条狗。他这样做会不会奏效呢？能不能达到预期的效果呢？

我认为他这样做不会奏效。让狗不叫的方式之一就是人们忍住自己的愤怒，放下手里的鞭子。

为什么人们要忍住自己的愤怒呢？因为人们的愤怒会让狗变本加厉地吠叫。狗在什么时候才会停止吠叫呢？等它被鞭子抽打的疼痛消失之后，等它被鞭子抽打的伤痕愈合之后，等它确信自己不再被人们鞭打之后。

总是挨揍，狗会感觉到疼吗？狗的心里苦不苦呢？

身上疼，心里苦，狗要不要反抗呢？狗要不要逆反呢？

身上疼，心里苦，狗还怎么努力上进呢？

狗的主人可能会喊冤："我这可都是为了它好啊！我那么爱它，我可以为它付出一切，可它为什么不知道好歹呢？！"

无论狗的主人如何标榜自己对狗的爱，都不会消除狗身上的疼和心里的苦。

如果狗的主人不能体谅一条天天挨揍的狗，又怎么好意思要求这条天天挨揍的狗体谅自己那"充满爱"的"良苦用心"呢？

三、和孩子重建关系

理解孩子也好，停止亲子冲突也罢，都是为了重建亲子关系，重建亲子之间的沟通渠道。

如果父母理解孩子，停止亲子冲突，让孩子在一个正常的环境中成长，孩子就能将淤积在自己心中的负面情绪发泄出来，和父母对抗的动力就慢慢地消失了。

古语道："人争一口气，佛争一炉香。"对有的人来说，争的这一口气，不是志气的"气"，而是脾气的"气"。有的人不会用自己的理智控制自己的情绪，只会遵循一个极其简单的逻辑：只要你让我难受了，我就和你对抗，让你也难受。就像晓禾说的："我明知道自己这样做不对，但我就是要这样做，我就是不让你好受，我就是要气你。只要你生气了，我就胜利了。"

孩子只有从父母那里感受到温暖与关爱，才可能和父母说心里话，才可能听得进去父母说的话。

好的关系是人们赖以生存的根本。两个陌生人，从相识到相知，怎么就彼此相爱了呢？怎么就走进婚姻了呢？都是因为两个人的关系越来越好了。回想一下：在这个关系越来越好的过程中，是不是两个人有很多的共同语言呢？是不是两个人就像一根绳上的俩蚂蚱，跑不了你，也跑不了我呢？

后来，有些夫妻的关系就没有那么好了，逐渐离心离德、同床异梦了。猜想一下，此时的夫妻俩还会有很多的共同语言吗？还会像一根绳上的俩蚂蚱吗？

父母们，在教育孩子时，必须有良好的亲子关系作为基础。一句话，没有好的亲子关系，就不可能有好的家庭教育。

四、帮助孩子重建自信

任何人都不能活在真空中。

一个孩子，不能总是待在家里玩游戏，必须回到学校。但有人的地方就必然有比较，有比较就会有输赢胜败。有人的地方就有人际交往。有人的地方就有分工合作，但前提是这个人需要具备某种能力。

如果一个孩子要啥啥没有，比啥啥不行，学习成绩非常不理想，那他愿意回到学校吗？他敢回到学校吗？如果他回到了学校，他能待得住吗？

一个人的自信来自何方呢？一个人的自信来自他之前干成了什么事。

一个孩子牙牙学语，叫了一声"妈妈"。妈妈听到以后非常高兴，抱着孩子，满脸笑容地说："宝宝，你真棒！你再叫一声'妈妈'。"虽然这时候的孩子还听不懂妈妈的话，但是他从妈妈笑容满面的脸上感受到："我真的很棒！妈妈是喜欢我的。"孩子就因此更加自信了。

对于一个正在学习画画的孩子来说，如果父母、老师总是能从每幅画中挑出亮点，认可、表扬孩子，那么孩子的自信就会与日俱增。如果孩子在画画的过程中总能得到父母或老师的积极反馈，那他会不会越来越喜欢画画呢？一个喜欢画画的孩子，就会自动地在画画上投入更多的精力，如此，他画画的能力就会不断地提高。如果一个人画画的能力提高了，就会得到更多的积极反馈，就开始了良性循环。这种良性循环意味着孩子健康快乐地成长。

一些出现问题的孩子，被父母过多地唠叨、指责、打骂，遭受了太多的挫折与失败，他们怎么可能会有自信呢？他们怎么可能会喜欢学习呢？

那么父母该如何着手帮助孩子重建自信呢？

每个家庭的资源不一样，每个孩子的具体情况也不一样。为了帮助孩子重建自信，父母可以从两个方面入手，一方面是从家务活入手，另一方面是从孩子的兴趣爱好入手。

如果孩子扫地、拿快递，或者陪弟弟妹妹玩一会儿，做一两道拿手的饭菜，等等，父母就要给予孩子及时的、积极的反馈。做家务既是孩子参与家庭生活的重要渠道，也是日常成就感、价值感、自信心的重要来源。父母一定不要小瞧家务活对孩子的积极影响。

我之所以建议父母从孩子的兴趣爱好入手，主要是因为孩子在兴趣爱好方面有基础。如果父母能给孩子提供更多的展示自我的机会，给孩子更多的积极反馈，那么孩子就容易获得自信。

父母要牢记这八条红线

在给晓禾妈妈的日记做点评时，我提到了"洛希极限"的概念，以此来说明一旦孩子的问题超出了某个限度，就很难回归正轨了。父母可以参考以下八条红线：

（1）孩子是否上学？

（2）孩子是否彻底迷恋游戏？

（3）孩子和父母的关系是否彻底破裂了？

（4）孩子在现实生活中有朋友吗？

（5）除了玩手机、平板电脑以外，孩子还有其他的兴趣爱好吗？

（6）孩子的个性是否软弱？是否回避基本的社交？

（7）孩子有抽烟、喝酒、谈恋爱等不良行为吗？

（8）孩子有抑郁、焦虑等心理问题吗？

接下来，我们就以日记的小主人公晓禾为例，将这八条红线捋一遍。

一、晓禾是上学的

有些孩子就像晓禾一样，他们无心学习，甚至讨厌学习，要么不写作业，要么抄作业，听老师讲课就犹如听天书，但他们去上学，甚至乐意去上学。

如果孩子不上学了，就说明孩子的问题已经非常严重了。孩子不上学的时间越长，孩子的问题就越严重。孩子上学或不上学，这是一个非常明

269

显的分水岭，父母一定要格外注意。

二、晓禾没有彻底迷恋游戏

孩子迷恋游戏的程度和其是否上学高度相关。长期休学在家的孩子迷恋游戏的程度普遍都很深。孩子整天窝在自己的房间里，如果他不玩游戏，他又能干什么呢？如果一个孩子在游戏的世界里越陷越深，那么他就不愿意去上学了。

当孩子在现实世界中体验不到乐趣的时候，当孩子体验不到成就感、价值感的时候，当孩子无处诉说心中之苦的时候，孩子就会向游戏靠拢。

在刚开始玩游戏时，孩子可能只是觉得好玩。一个孩子对我说："我在玩游戏的时候真的感觉很开心。"有的孩子玩游戏的目的可能是想在游戏中寻找朋友，也可能是想通过游戏宣泄心中积攒的苦和痛。但只要孩子开始玩游戏，就开始了恶性循环：

父母肯定不会允许孩子把时间浪费在玩游戏上，必定会用各种手段限制孩子玩游戏；

父母的限制让亲子关系日渐恶化，孩子的逆反心理日渐增强，玩游戏的时间日渐增多；

父母的管教手段和强度升级；

亲子冲突升级，亲子矛盾加深；

孩子的逆反心理更强，孩子更加无心学习，更加迷恋玩游戏。

看看日记中的晓禾，她在家里打游戏的时候，肆无忌惮地喊叫，就好像在和父母叫阵："我在打游戏呢，看你们能把我怎么样？！"

再强调一下，孩子迷恋游戏只是"症状"。如果父母一看到孩子的"症状"就"下猛药"，只会让问题变得更加严重。

再强调一下，孩子在游戏的世界里待的时间越长，回到现实世界的难度就越大。

三、晓禾和父母的关系并没有彻底破裂

虽然晓禾和父母的关系势如水火，但尚未彻底破裂，晓禾和父母的沟通渠道也没有被彻底堵上。这就像夫妻俩，虽然打打闹闹、吵吵嚷嚷，但是感情还在。有的孩子一回家就走进自己的房间里，然后锁上门，独自待在自己的房间里，和父母形同陌路。

晓禾妈妈说："我的预期小目标是孩子能够真正地做到与他人交流，认真地倾听外界的声音，而不是一味地排斥他人。孩子现在根本不听别人说什么，更谈不上明辨是非了。我希望孩子能够认真地倾听别人的说话内容，仔细分析判断之后做出选择。我希望孩子能够控制住自己的情绪。我不知道孩子为什么特别爱生气。如果别人的哪句话说得不对，孩子说翻脸就翻脸，各种挑剔别人，讲歪理。"

孩子还在母亲腹中的时候，脐带是孩子从母亲体内吸收营养物质，并将其代谢产物排出体外的唯一通道。在孩子出生之后，这根有形的脐带就被剪断了。那父母通过什么渠道来给孩子灌输"精神营养"呢？孩子又通过什么渠道来排解"精神垃圾"呢？答案是良好的亲子沟通渠道。

如果孩子把父母当敌人、当仇人，又怎么可能听得进去父母的话呢？又怎么可能和父母诉说自己的心里话呢？

对于父母的话，孩子选择不听。对于自己的心里话，孩子选择不和父母说。在这种情况下，父母还怎么教育孩子呢？

四、晓禾有好朋友

朋友，对于青春期的孩子来说，就好比是鲜花之于蜜蜂，是一种本能的需求，是不可或缺的。

关于"朋友"这个话题，我问过自己的女儿。我的女儿对我说："在疫情期间，我在家上网课。我因为长时间没有见到自己的同学或朋友而感到寂寞、孤独，有好几次潸然泪下，是那种非常崩溃的流泪。有时候我被你们唠叨了，或者当我的心情不好时，只要我到了学校，见到了同学或朋友，和他们说说话，开几个玩笑，我的心情一会儿就好了。"

如果我们把人生比作打麻将，那么一个人是没法玩的，三缺一都不行。只要有几个朋友陪着，这局麻将就能玩下去。

交朋友，还涉及一个能力的问题。有的时候，即使你想跟别人交朋友，别人也不一定想跟你交朋友。一些没有朋友又极度渴望朋友的孩子，往往会用一些偏离常态的交朋友方式，比如利用网络游戏，加入明星的粉丝群，等等。

晓禾有自己的好朋友，她的好朋友经常在她家玩耍、留宿，她还和几个好朋友一起去上海旅游，这些都说明晓禾的人际交往能力很好。

五、晓禾喜欢画画

如果一个孩子想要回归正轨，就需要先从虚拟的世界中回到现实的学校生活中，他至少需要两样东西，一样东西是走进学校的自信心；另一样东西是能在学校待得住的能力。对于一些学习成绩不理想又没有朋友的孩子来说，学校就是让他度日如年的地方。

日记中的晓禾，她不缺走进学校的自信心，也有适应学校生活的能力。她的人际交往能力不仅能让她迅速地和同学交上朋友，还能让她获得价值感、成就感。有的孩子就不具备这种人际交往能力。

我辅导过的另一个女孩，在初中阶段，和父母的关系紧张、学习成绩不理想。上职高之后，这个女孩因为有画画的功底，被老师选为宣传委员。用孩子妈的话说就是，从此孩子好像变了一个人一样，不仅对宣传工作很上心，还变得努力学习了。

信心和能力，可以说是一个硬币的两面，而兴趣爱好就是培养自信和能力的切入点之一。

六、晓禾的个性是张扬的

"不服就干"这四个字用在晓禾的身上是很贴切的。

有些孩子似乎已经被他人打怕了，打怂了，他们的心中充满了惶恐与不安，变得唯唯诺诺。有的孩子只有待在自己的房间里，只有待在自己熟悉的游戏里，才能获得片刻的安宁，才不会觉得活着是一件多么可怕、遭罪的事情。

那些敢于和父母对着干的孩子，那些能把整个家搅得鸡犬不宁的孩子，回归正轨的难度更小，因为他们仅仅是心理逆反，并不缺乏力量，也没有丧失生活的勇气。从这个维度上来说，晓禾的个性是张扬的，她有对抗世界的力量和勇气。

七、除了玩游戏以外，晓禾没有其他的恶习

日记中的晓禾讨厌学习，迷恋玩游戏，除此之外，再没有其他的恶习。

之前我就说过，没有哪个孩子不想成为好孩子。什么是好孩子呢？狭隘一点说，好孩子就是那种能得到父母和他人认可的孩子，这种孩子的价值观符合社会主流的价值观。

如果一个孩子十几年如一日地得不到父母的认可，找不到自己的存在感，他又该何去何从呢？"非主流"可能就是这个孩子唯一的出路。我辅导过的一个孩子，从小学五年级开始就学着妈妈描眉画眼了，上了初中以后，化妆、染发、穿着奇装异服、谈恋爱，后来因为失恋在宿舍喝酒闹事被学校勒令退学了。

更大的问题在于，如果一个孩子在"非主流"的路上走得太远，那么

他的认知就会被扭曲，有时父母越反对，他就越坚持，坚持到最后，他自己就信以为真了，就认为"非主流"才是"主流"了。

如果一个孩子在"非主流"的路上走的时间太长，那么他的人生观、价值观可能会受到影响，就像一个从小吃惯了垃圾食品的孩子，很可能会认为这个世界上最好吃的东西就是垃圾食品。

八、晓禾没有抑郁、焦虑等心理问题

晓禾之所以没有抑郁、焦虑等心理问题，这主要是因为晓禾不服就干的个性，她能将自己心中的怨气、怒气发泄出来，用晓禾妈妈的话说就是晓禾的情绪不稳定，她会因为别人的一句话瞬间气爆炸。

那些有心理问题的孩子，生活往往是压抑的、枯燥的、憋屈的、痛苦的，淤积在心里的苦和痛都没有被发泄不出来，只能一直忍着，等到忍无可忍了，就出现了心理问题。

抑郁、焦虑等心理问题会大大增加孩子回归正轨的难度。

评估孩子现状的量表

孩子的心理、行为问题，有相当一部分是由小问题积攒成大问题的。

我认为，教育孩子的最大难题是家庭教育的反馈周期超长。由父母错误的教育理念、教育方法导致的恶果，往往要等几年，甚至十几年才能在孩子的身上显现出来。

孩子的问题之所以很容易由小问题积攒成大问题，是因为父母对孩子的不了解、不重视。有的父母认为，孩子之所以出现心理或行为问题，就是因为孩子不知道努力，就是因为孩子偷懒，就是因为孩子玩游戏，就是因为孩子不体谅父母的良苦用心，就是因为孩子不知道社会竞争的激烈。在孩子的心理或行为问题变得严重之后，有的父母依然坚定地认为自己的教育理念没错，孩子就是在装病，就是矫情，就是不听话，就是心理逆反。

如果孩子出现了问题，我们就可以断定他所处的成长环境存在问题，比如父母错误的教养方式。一棵小树，如果阳光雨露充足，没有病虫害的侵袭，茁壮成长是必然的。想让孩子做出改变，父母必须先改变。如果父母不做任何改变，光盼着自己"熬出头"的那一天，孩子改变的可能性几乎为零。

如果孩子出现了问题，我们就可以断定他遇到了无法解决的困难，比如跟不上学习的进度，没有交到好朋友，等等。每个人在成长的过程中都会遇到困难，如果自己解决不了，又没有得到他人的帮助，那么困难就会变成问题。

我相信，父母都是爱孩子的。但在现实生活中，有的父母由于自身的心理或能力有问题，没办法给孩子提供更好的成长环境，没有为了孩子做出必要改变的能力，也没有办法给孩子提供更多的支持。每当遇到这类父母时，我都会替孩子感到难受，可我也没有更好的解决办法。

孩子的成长是有规律的，是需要条件支撑的。父母可以提前学习这些规律和条件，做好帮助孩子的准备。

当孩子在成长的过程中遇到问题时，如果父母能及时地帮助孩子，那么孩子就比较容易解决问题，孩子成长的道路就可能会平坦很多。

为了方便父母及早地发现孩子的问题并帮助孩子解决问题，我自创了一个评估孩子现状的量表，方便父母给孩子做一个简单的评估。

评估孩子现状的量表

注意事项

（1）本试题主要用来评估孩子的现状。

（2）由父母一方或双方完成问卷。

（3）一定要根据孩子的现状据实作答。

（4）请回答所有的问题，均为单选题。

（5）将 1 ～ 10 题计算总分。

题目

1.孩子处在哪个年龄阶段？

　　A.小学阶段，请计 1 分。

　　B.初中阶段，请计 3 分。

　　C.高中阶段或 18 岁以上，请计 5 分。

　2.孩子是否在上学？

　　A.一直坚持上学，请计 1 分。

B. 断断续续地上学，请计 2 分。

C. 休学时间在三个月以内，请计 3 分。

D. 休学时间在三个月以上，一年以内，请计 4 分。

E. 休学时间在一年以上，请计 5 分。

3. 孩子是否彻底迷恋游戏？

    A. 喜欢玩游戏，但只将游戏当作一种娱乐方式，未影响学习，请计 1 分。

    B. 喜欢玩游戏，能接受父母的管教，能按约定的时间结束游戏，请计 2 分。

    C. 痴迷玩游戏，有时不能接受父母的管教，能坚持上学，请计 3 分。

    D. 痴迷玩游戏，完全不接受父母的管教，能断断续续地上学，请计 4 分。

    E. 只要醒着就玩游戏，不做任何其他的事，请计 5 分。

4. 孩子和父母的关系是否彻底破裂了？

    A. 孩子能和父母正常沟通，但不会说心里话，请计 1 分。

    B. 孩子和父母是敌对的关系，或者表面上顺从父母，实际上反抗父母，请计 2 分。

    C. 孩子对父母感到陌生，躲避父母，基本不和父母说话，请计 3 分。

    D. 孩子和父母是敌对的关系，拒绝和父母沟通，请计 4 分。

    E. 孩子冷漠，自闭，丧失和父母沟通的意愿，请计 5 分。

5. 孩子在现实生活中有朋友吗？

    A. 有朋友，但没有十分要好的朋友，请计 1 分。

    B. 没有要好的朋友，有喜欢的宠物，请计 3 分。

    C. 没有要好的朋友，喜欢追星，加粉丝群，请计 3 分。

    D. 没有要好的朋友，有一起玩游戏的朋友，请计 3 分。

    E. 没有任何朋友，也没有结交朋友的意愿，请计 5 分。

6.除了玩手机、玩游戏以外，孩子还有其他的兴趣爱好吗？

　　A.有其他的兴趣爱好，比如运动、画画、剪纸等，请计1分。

　　B.曾经有其他的兴趣爱好，但现在没有了，请计3分。

　　C.一直都没有其他的兴趣爱好，请计5分。

7.孩子的个性是否软弱？是否回避基本的社交？

　　A.孩子的个性强硬，不妥协，不认错，不服就干，社交正常，请计1分。

　　B.孩子不喜欢与人交流，尤其不喜欢和陌生人或者长辈交流，请计2分。

　　C.孩子不喜欢、不敢去学校或者人多的地方，但在父母的陪同下或者逼迫下能去，请计3分。

　　D.孩子不喜欢、不敢去学校或者人多的地方，即使父母陪着他、逼着他，他也不去，请计4分。

　　E.孩子喜欢窝在自己的房间里，拒绝和他人沟通，请计5分。

8.孩子能否将自己的注意力集中在学习上？孩子有抽烟、打架、谈恋爱等不良行为吗？

　　A.学习效率、学习成绩明显下降，请计1分。

　　B.一心想着玩手机、聊八卦新闻等，减少了学习的时间，请计2分。

　　C.有抽烟、打架、谈恋爱等不良行为，请计3分。

　　D.完全不能将自己的注意力集中在学习上，但能守住基本的行为底线，请计4分。

　　E.习惯了抽烟、打架、谈恋爱的生活，有社会上的朋友，有夜不归宿的行为，等等，请计5分。

9.孩子有抑郁、焦虑等心理问题吗？

　　A.在一段时间内情绪烦躁或情绪低落，经常爆粗口，经常说谁可恶、想让谁死的话，喜欢看含有暴力内容的漫画或者视频，请计1分。

B. 情绪不稳定，易烦躁，有时唉声叹气、流眼泪，有时无精打采，对任何事物都漠不关心，请计 2 分。

C. 有自残的行为，比如割伤自己的手臂，揪自己的头发，用脑袋撞墙，等等，请计 3 分。

D. 在较长的一段时间内情绪烦躁或情绪低落，自残行为频繁，回避基本的社交，甚至有自杀的想法，请计 4 分。

E. 被确诊患有严重的抑郁症、焦虑症、强迫症等心理疾病，请计 5 分。

10. 父母是否愿意为孩子做出必要的改变呢？是否有能力和资源帮助孩子回归正轨呢？

A. 父母意识到并敢于承认自己的教育理念与教育方法存在问题，愿意做出努力和改变，有能力和资源帮孩子回归正轨，请计 1 分。

B. 父母意识到自己的教育理念与教育方法存在问题，但由于各种原因不能帮助孩子走出困境，也无力为孩子营造一个适宜的成长环境，请计 3 分。

C. 父母执迷于孩子的学习成绩，坚定地认为孩子的问题是由游戏导致的，孩子的心理太脆弱，而父母对此无能为力，请计 5 分。

结果分析

（1）总分 10 分，说明孩子的身上只是存在一些小问题，不严重。

（2）总分在 11 ～ 30 分之间，说明孩子出现了一些问题，遇到了一些不能解决的困难。父母越早发现孩子的问题，越能及时地解决孩子的问题。

（3）总分在 31 ～ 50 分之间，说明孩子的问题已经非常严重了，父母一定要引起足够的重视。

（4）只要有得分 5 分的题，父母就需要格外重视孩子了。